本书为"湖南省农业专项项目（ZONYT01）【长财农
中国—东帝汶农业职业教育国际合作研究与实践"的研究成果

农业经济建设与发展研究

刘羽平　张丽云　著

吉林人民出版社

图书在版编目（CIP）数据

农业经济建设与发展研究 / 刘羽平，张丽云著 . -- 长春：吉林人民出版社，2022.10
　ISBN 978-7-206-19608-9

Ⅰ . ①农… Ⅱ . ①刘… ②张… Ⅲ . ①农业建设 – 研究 – 中国②农业经济 – 经济发展 – 研究 – 中国 Ⅳ . ① F323

中国版本图书馆 CIP 数据核字 (2022) 第 257896 号

农业经济建设与发展研究
NONGYE JINGJI JIANSHE YU FAZHAN YANJIU

著　　者：刘羽平　张丽云
责任编辑：王　丹　　　　　　　　　　　封面设计：夜　佳
吉林人民出版社出版 发行（长春市人民大街 7548 号）　邮政编码：130022
印　　刷：石家庄汇展印刷有限公司
开　　本：710mm×1000mm　　1/16
印　　张：12.5　　　　　　　　　　　　字　　数：200 千字
标准书号：ISBN 978-7-206-19608-9
版　　次：2022 年 10 月第 1 版　　　　　印　　次：2023 年 1 月第 1 次印刷
定　　价：68.00 元

如发现印装质量问题，影响阅读，请与印刷厂联系调换。

前　言

农业是实现现代化的基础，必须加快转变农业发展方式，大力推进农业供给侧结构性改革，着力构建现代农业产业体系、生产体系、经营体系，提高农业质量效益和竞争力，走产出高效、产品安全、资源节约、环境友好的农业现代化之路。走中国特色农业现代化发展之路，任重道远。首先，要在增强农产品安全保障能力，确保谷物基本自给、口粮绝对安全的基础上，加快推进农业供给侧结构性改革，提高农业综合生产能力和农产品质量安全水平，形成结构更加合理、保障更加有力的农产品有效供给体系。其次，要构建现代农业经营体系，发展适度规模经营，培育新型农业经营主体，健全农业社会化服务体系，以发展多种形式与适度规模经营为引领，创新农业经营组织方式，提高农业综合效益。再次，要提高农业技术装备和信息化水平，推进农业信息化建设，促进农业与信息技术深度融合，发展智慧农业，提高农业生产力水平。最后，要完善农业支持保护制度，持续增加农业投入，完善农产品价格和收储制度，创新农村金融服务，以保障主要农产品供给、促进农民增收、实现农业可持续发展为重点，完善强农惠农富农政策，增强农业支持保护效能。

农业是国民经济的基础，农业经济的稳定、协调和健康增长对于整个国民经济的发展、解决"三农"问题都有积极而重要的作用。农业经济的发展对国民经济的发展举足轻重，农村的稳定和繁荣则为经济的持续健康发展提供强有力的保障。

当前，我国正处于改造传统农业、发展现代农业的关键时期，大量先进农业科学技术、高效率设施装备、现代化经营管理理念被逐步引入农业生产的各个领域，所以对高素质、职业化农民的需求越来越迫切。希望本书能对农业经济管理起到促进、推动作用。由于笔者水平有限，书中不足之处在所难免，敬请广大读者批评指正。

目 录

第一章 现代农业的基础认知 1
  第一节 现代农业概述 1
  第二节 现代农业的形成和发展 5
  第三节 现代农业的发展模式 9

第二章 现代农业生产模式 14
  第一节 种植业 14
  第二节 养殖业 18
  第三节 林业 20

第三章 农业经营方式和经营决策 27
  第一节 农业经营方式概述 27
  第二节 农业生产经营决策概述 32
  第三节 农业生产经营决策的程序及类型 35

第四章 农村金融 39
  第一节 新农村建设与农村金融 39
  第二节 农村金融与农村资金运用 41
  第三节 农村政策性金融机构 48

第五章 农产品市场的构建与完善 53
  第一节 市场经济的基础认知 53
  第二节 农产品市场体系与市场信息 59
  第三节 农产品价格与定价 69
  第四节 农业物流与物流体系 80

第六章　农产品市场营销　　89

- 第一节　农产品市场营销的概念及特点　　89
- 第二节　农产品消费者的需求　　92
- 第三节　农产品营销渠道与营销策略　　96
- 第四节　农产品网络营销新模式　　101

第七章　农产品电子商务　　110

- 第一节　农产品电子商务概述　　110
- 第二节　农产品电子商务的发展　　114
- 第三节　农产品电子商务支撑体系　　120

第八章　生态农业　　131

- 第一节　生态农业概述　　131
- 第二节　生态平衡与生态环境保护　　133
- 第三节　生态农业与农业生态旅游　　135

第九章　农业现代化　　141

- 第一节　农业现代化概述　　141
- 第二节　我国的农业现代化建设　　145
- 第三节　农业标准化与农产品质量安全　　151

第十章　农业经济发展趋势　　162

- 第一节　土地资源的利用与保护　　162
- 第二节　农业资源的可持续利用　　166
- 第三节　发展农业循环经济　　172
- 第四节　农业产业化经营　　180

参考文献　　190

第一章　现代农业的基础认知

第一节　现代农业概述

一、现代农业的概念

2007年，中央一号文件对现代农业的概念进行了界定，指出现代农业就是用现代物质条件装备农业，用现代科学技术改造农业，用现代产业体系提升农业，用现代经营形式推进农业，用现代发展理念引领农业，用培养新型农民发展农业，提高农业水利化、机械化和信息化水平，提高土地产出率、资源利用率和农业劳动生产率，提高农业素质、效益和竞争力。建设现代农业的过程，就是改造传统农业、不断发展农村生产力的过程，就是转变农业增长方式、促进农业又好又快发展的过程。[①]

二、现代农业的特征

现代农业具有以下基本特征：

第一，综合生产率较高，也就是具有较高的劳动生产率与土地产出率。农业成为一个具有较高经济效益以及在市场上占据了一定竞争优势的产业，而这一点是衡量现代农业达到什么发展水平的重要标志。

第二，农业成为具有可持续发展性的产业。农业发展自身就具有可

---

① 中共中央国务院关于积极发展现代农业扎实推进社会主义新农村建设的若干意见[J].农村经营管理,2007(3):4-9.

持续性,并且有着较好的区域生态环境。采用有机农业、生态农业、绿色农业等生产模式与生产技术,能够使土地、淡水等农业资源得到循环持续利用,让区域生态形成良性循环,农业自身变成一个可循环的生态系统。

第三,农业产业高度商业化。农业一直都根据市场而生产,商品率极高,借助市场机制对资源进行配置。市场体系是商业化的基础,现代农业需要各方面都发展完善的市场体系,其涵盖农产品现代流通体系。如果市场体系不够发达,那现代农业也就没有发展的空间。许多农业具有较高现代化水平的国家,其农产品商品率往往高达90%,部分产业商品率甚至达到100%。

第四,农业生产物质条件现代化。完善的基础设施、充足的生产条件以及现代化的先进装备是现代农业发展的基础,现代农业对各种生产要素的使用展现出了高效率、集约化的特征,如电力、肥料、水、农药、农膜、良种、农业机械等农业物质投入,有效提升了农业生产率。

第五,农业科学技术现代化。在现代农业中,农业科学技术、生产模式和生物技术已经得到广泛应用,有效降低了生产成本,提升了产品质量,满足了市场对农产品标准化、优质化、多样化的需求。事实上,现代农业的发展过程就是新时代科技不断融入农业生产中的过程,是现代科技对传统农业进行改造的过程。

第六,管理方式现代化。现代农业采用的管理手段、经营方式以及管理技术都是有着新时代管理理念的先进方式,使农业生产的整个过程形成一个联系紧密的产业链条,组织化程度高。农产品加工转化与销售的渠道相对高效、稳定,组织体系也可以高效地集合分散的农民进行生产活动,整个现代农业管理体系都在高效运转。

第七,农民素质现代化。现代农业的劳动力与农业管理人才都具有很高的素质,这既是现代农业建设的基础,也是现代农业特征的突出体现。

第八,农业生产趋向于专业化、区域化、规模化。现代农业在专业化、区域化、规模化的农业生产经营下,有效降低了外部与公共成本,显著提升了农业的竞争力与效益。

第九,建立了符合现代农业发展趋势的政府宏观调控体系。完善的政策体系与法律体系为现代农业的发展提供了保障。

综上所述,中国现代农业的形成与发展,大幅度地提升了中国农村的劳动生产率、土地生产率和农业商品率,使中国农村的生产方式、农村面貌和农民行为都发生了巨大改变。

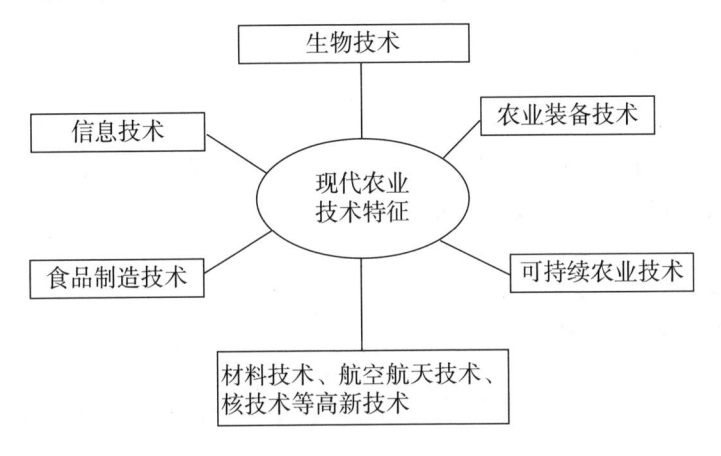

图 1-1　现代农业的技术特征

三、现代农业的类型

现代农业有许多种划分的标准,常见的现代农业划分类型主要有七种。

(一)绿色农业

绿色农业协调了农业和环境之间的关系,既可以让农户的收入得以增加,又保护了生态环境,而且农产品的安全性也得到了保障,是一种可持续发展的农业。在绿色农业中,运用了各种先进的科学技术,包括轮耕技术、营养物综合管理技术、农药安全管理技术、生物学技术等,其通过对生态环境物质循环系统的灵活运用来保护农业环境。绿色农业具体又分为低投入农业与有机农业。

(二)休闲农业

休闲农业具有较强的综合性,主要是服务游客观光。在休闲农业中,游客可以亲自采摘水果、体会农民的生活、感受乡野间的闲趣,可以游乐、住宿、度假。休闲农业就是利用农村的空间，将农业生产场地、人文资源、自然环境等进行合理的规划，让农业和农村结合到一起，发挥出休闲旅游的功能。它是一种新型农业，可以有效提升农民收入，推动农村的发展。

（三）工厂化农业

工厂化农业是一种发展于现代新设备与高科技之上，采取现代管理方式所形成的全自动化、机械化的高度密集型生产。它摆脱了自然环境的限制，可以在人工设置好的环境里长时间连续作业，直到完成所有任务。

（四）特色农业

特色农业是一种现代农业，它主要借助区域之内各种独具特色的农业资源开发本地名优产品，再转化成当地特色商品出售。特色农业之所以成为"特色"，就是因为消费者往往十分青睐它的产品。其产品在本地市场有着无法代替的重要地位，而且在外地市场存在绝对优势，甚至在国际市场中也具有无法比拟的相对或绝对优势。

（五）观光农业

观光农业，也被称为绿色旅游业、旅游农业，是建立在农村与农业基础上的一种全新的生态旅游业。农民对本地优势自然条件进行充分利用，开辟场所，建设基础设施，招揽外地游客，以此增收致富。游客们在这里不仅可以游览风景，还可以参与各种农事活动，例如水面垂钓、林间摘果等。该类型农业在一些国家中是当地农业发展的重要措施。

（六）立体农业

立体农业，又名层状农业。立体农业是倾向于利用垂直空间资源优势的一种新农业类型。立体农业是以立体农业概念为起点，通过合理运用生物资源、自然资源和先进生产技术，进行由品种、层次、能源循环、产物转换等基本要素所构成的农业立体模式的综合优化。

（七）订单农业

订单农业，也被称为契约农业、合同农业，其作为一种全新农业生产模式出现的时间还比较短。订单农业指的是一种农业产销模式，农户会通过乡村组织或自身直接和农产品购买者签订订单，并对农产品的生产进行组织和安排。订单农业几乎完全遵循市场需求生产，彻底解决了盲目生产问题。

第二节　现代农业的形成和发展

一、现代农业的形成

在漫长的农业发展史中，如果我们以农业的生产力水平和生产力性质作为标准来划分，那么农业发展就可以分为三个阶段，分别为原始农业、传统农业和现代农业，当前农业就处于现代农业阶段。

（一）原始农业

从新石器时代起，到人们研究出铁制工具之前，这段时间的农业就是原始农业，这期间有七八千年。总体来看，该阶段的农业处于自然状态。作为农业的初始阶段，人们不再被动地顺应自然，单纯依靠自然界中已有的各种食物来生存，而是主动地干预自然，有目的地生产需求的食物，驯化野生的动植物，慢慢地，采集发展成种植业，狩猎发展成畜牧业。刀耕火种是原始农业的基本生产方式，人们会使用一些简单的工具，如石、木，通过水、火等生产手段来进行农业生产。如果用地过度，就会通过撂荒让土地自然恢复，农田在更多的时间里是长满自然植物的荒地，劳动者并没有充足的耕种经验，而生产环节仅限于种植与收获。该阶段的劳动生产力和土地利用率都极低，生产力的所有要素皆处于自然状态，人们几乎无法对农业生态系统进行干预。

（二）传统农业

从人们学会使用铁制工具之后到工业化之前的两千多年的时间一直

都处于传统农业阶段，这种农业基本上是自给自足。在该阶段，人们掌握了冶铁术，对畜力的使用更加熟练，并发明了耕犁。农业主要借助畜力耕种，运用了许多半机械化的生产工具，针对土地肥力下降问题发明了有机肥，掌握了改善牲畜性状与农作物的技术，创立了多种轮作复种制度，如套种、间作等。劳动者从自身和祖辈千百年积累的经验中，以及对自然科学的研究成果中得到了各种各样的农业技能，拥有了更强的改造、利用自然的能力。然而在这个阶段，农业的基础是农民世代以来使用的生产要素，而生产要素只在封闭体系中流动，只能依靠农业内部的物质循环和能量循环保持平衡，所以此时的生产方式是小农经济。

（三）现代农业

在工业革命之后出现的农业便是现代农业，这种农业逐渐向着市场化和商品化的方向发展。在这个阶段，人们将先进的科技、工业成果、资本等现代生产要素融入农业生产中，从事农业的人员日益减少，但是每一位农业劳动者都掌握了大量的现代科技知识，知晓如何展开现代农业经营管理活动。此时的农业在市场经济框架之中逐步向着规模化、专业化、集约化的方向发展，农业劳动生产力显著提升。

二、现代农业的发展趋势

（一）由"平面式"向"立体式"发展

在农业生产中，巧妙地根据不同作物在空间和时间上的需求，进行综合搭配，错落组合，最终构成一种具有多种功能、多个途径、多个层次的生产系统，生产效率非常可观。例如，华北平原采取的"杨上粮下"种植模式。

（二）由"自然式"向"车间式"发展

过去的农业生产很多时候都是在"靠天吃饭"，对自然条件有着较强的依赖性。农作物种植经常会被自然环境变化所干扰，或者遭受到各种自然灾害的侵害。而将来的农业生产往往发生于"车间"中，有一层现代化设施的防御层。例如，植物工厂、玻璃温室、自动灌溉设备等都是农业配套设施。人们会将农产品在各种现代设施中进行组织培养、无土栽培等。如今已经有一些农作物成功进行了温室的培养种植，甚至转移到可以自动控制多项环境数据的环境室，实现了不限时节的播种和收获。

（三）由"固定型"向"移动型"发展

在多个发达国家中出现了一种移动农业，人们称其为"手提箱与人行道农业"。这种农业经营方式形成了一种农民的耕地和居住地相互之间分离的格局。人在多个地区拥有土地，在耕作或农收季节基本就是干完一个地方的活儿，又提起手提箱跑去另一个地方干活儿，在避免耽误农时的基础上充分利用农具。这种农业经营方式的主要栽培作物通常是谷物类，这是因为大部分谷物类作物即使不经常性地管理，也可以有不错的长势。先进的农业机械与交通运输工具对"手提箱与人行道农业"的发展起到了促进作用。

（四）由"石油型"向"生态型"发展

"石油型"农业亦称石油密集农业、化学农业或工业式农业，是把农业发展建立在以石油、煤、天然气等能源和原料为基础，以高投资、高能耗方式经营的大型农业。生态农业工厂就是遵循生态系统的能量转换、物质循环规律所建立的复合型生产结构。例如，在匈牙利有一座庞大的建筑物，其屋顶是由玻璃组成的，建筑物内部种植着郁郁葱葱的各种作物，产品在收获之后直接送到车间进行加工，加工废渣又会进入饲料车间加工，之后作为饲料直接输送到周围的猪圈、牛栏、羊舍、鸡棚，这些禽畜的粪便也会被收集起来放到沼气池中。这家工厂以太阳能和沼气作为动力，可以生产粮食、鸡蛋、牛奶、蔬菜、禽肉等，能够满足10万人口的生存需求。

（五）由"粗放型"向"精细型"发展

精细农业也被称为信息农业或者数字农业。它指的是将数字地球技术和农业相结合，其中包括计算机网络技术、分辨率遥感技术、地球信息技术、全球定位系统，等等。这几年来，精细农业的范围进一步扩大，除了原有的犁耕作业，还包括了农、林、产、养、供、销等相关领域，如精细加工、精细经营管理、精细园艺、精细养殖。

（六）由"农场式"向"公园式"发展

农业不再只进行第一产业的经营，而是兼营第二、第三产业。农业向着一个具有观赏功能的公园发展，展现出大自然的美妙，种植的所有农产品都遵循美观、合理的布局原则，让前来参观的人们可以在其中放松心灵，感受蔬果的美味，陶冶自己的情操，如旅游农业。

（七）由"机械化"向"自动化"发展

先进的农业机械促进了农业的快速发展，让农民有了更可观的经济收益。农业机械有效集约了劳动力，不但对城市化进程具有促进作用，而且推动了第二产业与第三产业的发展。随着计算机技术的广泛应用和不断发展，各种农业机械也会向着自动化的方向继续发展。

（八）由"陆运式"向"空运式"发展

空运农业就是通过飞机把那些原产地生产出来的水果、蔬菜、鲜花运输到各个工业城市，让市民的需求得到满足。例如，日本各地建造了一个新机场之后，会在机场附近建立一个"农业基地"，集中栽培农产品，并专门供空运出售到其他大城市。

（九）由"单一型"向"综合型"发展

现代的集约型种植业往往会选择单一的作物进行大规模种植，但随着有机农业、旅游农业、生态农业的兴起，单一的种植业开始向着多位一体的方向发展，不仅种植农业作物，还涉及加工、养殖、沼气，等等。其中，旅游农业推动了第一、第二与第三产业的有机结合，使农业向着多产业综合的方向发展，随着产业链的不断延伸，农业的综合效益也在逐渐提高。

第三节　现代农业的发展模式

社会的不断发展，市场带来的各种刺激，还有互联网的广泛普及和大数据带来的种种便利，使得许多更具趣味、更有发展潜力的新农业模式不断出现。

一、农业公园：乡土文化旅游新模式

国家农业公园运用了公园经营思路，但又跟城市公园有很大的不同，它将农产品的生产地、消费场所跟休闲旅游场所进行了有机结合，形成了一种现代化的农业经营方式，是一种全新的旅游形态。

在对农业现代化以及旅游业、农业服务业深化发展的相关要求之下，中国村社发展促进会期望在 5~8 年间打造遍布中国各地的 100 个"中国农业公园"。此类公园是以绿色村庄作为基础，并将可持续发展的低碳环保理念融入进来，依靠农村广袤无垠的田野，将农耕文化和农作物的种植进行有机结合所形成的一种乡土文化与生态休闲旅游模式。2008 年，农业农村部就对农业公园制定了一个标准，包括亚太环境保护协会在内的五家单位一同根据标准制定了《中国农业公园创建指标体系》。该体系包含了 11 个评价指数，分别为乡村风景美丽、产业结构发展、村域经济主体、农耕文化浓郁、村民生活展现、历史遗产传承、品牌形象塑造、生态环境优化、规划设计协调、民俗风情独特、服务设施配置，总分为 100 分。经过申报、评审，得分满足对应条件之后，就可以成为一个正式的"中国农业公园"。

国家农业公园有着较大的规划建设面积，一般在上万平方米之上，甚至还有数十万平方米乃至需要用平方千米来作单位的面积。如今较为完善的国家农业公园包括海南的琼海龙寿洋国家农业公园、河南的中牟国家农业公园以及山东的兰陵国家农业公园。除此之外，山东的寿光农业综合区以及安徽合肥的河区牛角大圩生态农业区都可当作国家农业公园进行考察。

农业公园需要借助消费推动农业的增长，主体依赖企业，根据消费者的消费偏好、需求来进行针对性的农业生产。公园内部是一个大乐园，也是一个大花园、大菜园。园区内部有美丽的水景，有香气扑鼻的花圃，

还有菜地、大棚设施和苗圃，等等。这里所有的东西并不根据生产要素进行组织，而是根据旅游特点来设置。

二、文创农业：传统农业与文化创意的融合

文创农业就是用创意和文化手段对农业进行改造，让农业为消费者呈现出更完美的生产、生态和生活。作为在生态农业、观光农业和休闲农业之后出现的一种全新的农业产业模式，文创农业将文化创意产业和传统农业进行了一定的结合，从文创的思维逻辑出发，让农业和科技、文化相互融合，以此来开发农业更多的功能，是一种能够让传统农业得到丰富和提升的新兴业态。

如今市场中常见的文创农业模式有：文创农艺工坊、文创酒庄、文创农产品专营店、文创休闲农牧场、文创主题农庄、文创农产品农场、文创亲子农园、文创现代农业示范园区等。这些类型并没有固定的盈利模式，所有都可以从实际情况出发来进行灵活组合。文创农业基本上是依靠住宿、餐饮、票务、销售、会务等渠道获取利润，具体包括文创农产品养殖、文创装饰品售卖、文创农产品包装设计、农村景观游赏、特色宴会承办以及民宿住宿、文艺演出、美食活动、科普教育、活体实验、纪念品销售，等等。除此之外，也适用招商合作的模式，通过物业服务和租赁服务获取利润。

人们对文创农业的印象往往都是有着地方特色的商品包装，比如，蜂蜜、水果、茶叶、大米等。农产品往往会装在一个印着富有诗意的图片和文字的礼盒中。但是，这些精致的外包装大多是需要花费重金请专业的设计师进行设计的，会导致农产品的成本显著增加，但却不会显著提升产品的销量。文创农业并不意味着精致的外包装、设计，这些只是农业文创化过程的末端，而我们不能本末倒置。文创应该具有两个层次，分别为"文化"和"创意"。农业经营者应该让农业具有文化元素，有了独特的卖点，之后再将创意融入进去，让卖点变得符号化、简单化、可传播化，变成销售论述或者销售主张。文创农业的核心是创意，要借助创意促进农业向着文创产业转型，形成一个多产业相互联动的品牌体系，以此促进农业产业价值的提升。

三、认养农业：风险共担，收益共享

近年来，出现了一种农事增值发展模式，即"认养农业"。它指的是消费者提前交付生产费用，然后生产者为其提供有机、绿色的视频，形成一种消费者和生产者共担风险、共享收益的生产方式。

在认养人看来，这是一种健康且时尚的新生活方式，同时，这是传统种植农业在全新思路之下形成的新业态，已经成为农业增值服务的具体表现形式。

"认养农业"除了农产品这个卖点，还可以和文化、旅游、养老产业相互融合。其目标客户主要为城市居民，主要的卖点是体验和互动项目，通过整合旅游景点、农产品与当地民俗风情，将所有内容打包出售。认养农业不但可以让远离乡村的都市人对农业有更深的认识，体验到田园生活，而且能让农民收入提升，推动农业健康发展。这里的"认养"并非仅指收获产品，消费者对产品的附加价值抱有更大的期望。认养意味着消费者和生产者之间的距离缩短，销售与购买之间的环节进一步简化，消费者能在最快的时间里得到新鲜的产品。消费者可以对农场有更加深入地了解，而消费者和农场的近距离接触，既保证了农产品的品质，也让农产品信息更为透明。

通过建设认养农业，农村不但获得了资金流、客流和信息流，而且从根源上解决了分散经营导致的无法增收的问题，认养农业模式使得第一、第二与第三产业之间形成了深度融合。

四、设施农业：高效生产的现代农业新方式

在环境有一定可控性的基础上，通过工程技术手段，进行高效率动植物生产的现代农业方式便是设施农业。设施农业涵盖了设施养殖、种植、食用菌等。

中国设施农业在多年的发展之下成为全球利用太阳能面积最大的工程，我国设施农业在极大的数量优势下从量变走向了质变，技术水平向世界顶尖水平看齐。与露天种植相比，设施栽培的产量为其产量的3.5倍。

设施农业是一个系统工程，它涵盖了品种、栽培技术、园艺技术、

机械、建筑、材料、自动控制与管理等多个学科，发达的设施农业是农业现代化水平的重要体现。设施农业通常包括各种类型的玻璃温室，连栋大棚，地膜覆盖，设施栽培、饲养，大、中、小塑料棚，以及各种保护农业生产顺利进行的设施。设施栽培能够最大程度上激发作物增产潜力，提升农作物产量，而保护措施则避免了病虫害的影响，让作物的生产很少使用甚至无需使用农药，商品品质得到明显提升，并且不受季节的限制，在大小有限的设施中生产各种品质优良的作物。

设施农业主要有两大类，分别为设施养殖和设施园艺。其中，设施养殖又细分为畜牧养殖和水产养殖。设施农业让动植物的生产处在最合适的温度、光照、湿度等环境条件之下，使作物不受自然环境限制，可以进行高效率生产。设施农业具有高产量、高技术含量、高效益、高投入、高品质的特点，在现代新农业中是最具活力的农业发展模式。

五、田园综合体：乡村新型产业发展的亮点

田园综合体是将现代农业、田园社区和休闲旅游结合到一起的融合了特色乡村和小镇的综合发展模式，突破了原有的乡村发展思维模式。这种模式让田园得以实现三次变现，第一次是借助自然和科技的力量，让田园农产品实现变现；第二次是借助自然和创意的力量，让田园的旅游产品与文化产品实现变现。在这一次变现中，既形成了田园社群，也创造了效益；第三次变现是建立在田园社群之上的延伸产业变现。

田园综合体侧重于形成企业参与、多方共建、乡村与城市元素相结合的"开发"方式，它对产业变革起到加速作用，创新城乡发展，让农民收入持续稳步增长，推进新农村稳步建设，致力于塑造中国乡村美丽田园小镇。这种模式注重跟原住民之间保持合作关系，并以农民合作社作为主体，而农民合作社又因其与农民在利益上有天然联结，促使农民主动参与到建设田园综合体的过程中，并让其享受到收益的增长以及现代农业的产业效益。除此之外，田园综合体坚持开放、共建思想，鼓励城乡互动，让"新来的人""原来的人""偶尔会来的人"等各种类型人群的需求得到满足。

这几年，人们的休闲活动倾向于选择乡村旅游和休闲农业，而乡村旅游和休闲娱乐结合之后升级的模式就是田园综合体。田园综合体是"园

区+农业"，不但要在农业链条上做深，而且要扩展到健康、科技、物流等其他维度。

乡村振兴是田园综合体的最高目标，它让乡村和城市发挥出各自独特的潜力，两者结合，和谐共存。田园综合体的核心组织要素为田园生产、田园景观和田园生存，它是一个拥有多个产业、可以发挥出多种功能的空间实体，可以满足人归乡的需求，让城市中的信息流、人流等反哺乡村，推动乡村经济的快速发展。

六、共享农业：推进农业农村发展的新动能

2016年，共享单车在中国的兴起推动了"共享经济"的高速发展。如今，国内的共享经济市场涉及领域极为广阔，如共享餐饮、共享汽车、共享充电宝等，而且还在持续扩展中。作为一个农业大国，中国曾经只用了全球7%的耕地，就让世界上22%的人口吃饱了饭。随着电商的兴起，农业拥有了共享的平台基础；大数据和互联网深度融合，让中国农业能够掌握更加精确的信息；物联网技术的广泛应用，促使农业跨入了自动化时代。

农业产业链的整个过程都贯穿着共享农业，共享农业成为农业农村发展的全新动力，是加快农业供给侧结构性改革进程的强大推力。共享农业聚集了各种零碎、分散的消费者需求信息，并形成一个巨大的规模，能够与供给方进行精准的对接，这对发展共享农业十分重要。所以一定要做好硬件方面的建设，让互联网覆盖乡村，特别是要做好农民手机终端技术的开发。

在共享经济和农业领域融合之后，既将中间环节淘汰掉，也实现了真正的"共享"，真正帮助到农民、农村和农业。最基本的共享经济模式就是将私有财产、信息或者资源拿出来，和用户合作，达成互惠互利的关系，提升资源的利用率。如今，共享农业已经开始向着更具体的形态发展，如共享农庄、共享土地、共享农机等。

第二章　现代农业生产模式

第一节　种植业

现在，物联网技术广泛应用于农业生产的各个方面，如应在什么时间施肥，施肥量为多少，需要使用哪种类型的肥料，以及灌溉、播种、防治病虫害、除草、收获等如何确定，这些都可以通过农业物联网实现，不耗费人力的同时还十分精确，改变了以往农民凭借经验种植作物的习惯。

一、智能设施农业

随着智能设施农业的广泛应用，农业生产效率与农作物种植产量得到显著提升，更多的农民在专业合作社和当地龙头企业的带领下投身到智能农业中，收入明显提升。互联网农业是让各种产业链环节，如农业加工、生产、销售和互联网技术有机结合，推动农业向着智能化、信息化、科技化方向发展的农业发展方式。传统农业在"互联网+"的带动下得以升级。如今，随着农业生产领域和电子商务、物联网、大数据等互联网技术的不断融合，农业生产方式发生巨大改变，推动了现代农业的发展。

互联网技术将计算机作为核心，它集控制、感知、传输、作业为一体，是对所有信息技术的综合集成，推动了农业的标准化和规范化发展进程，既降低了人力成本，也提升了品控能力，提升了抵抗自然风险的能力，逐渐普及到更多的地区。互联网营销采取电商模式，农业电子商务作为一种电子化交易活动，将农业生产作为基础，包括农产品生产管理、网络营销以及物流管理、电子支付等。它依托全球化网络系统和信息技术架构出一个与B2C、B2B相似的综合平台，以此提供网上拍卖、交易、物流配送、电子支付等众多功能，主要从事包括农产品生产、供给、销售等各个环节的电子化商务服务。

推动互联网和农业产业中的生产、加工等各个环节进行充分融合。借助互联网技术对生产环节进行改造，以此提升生产水平，对生产经营全过程进行管控，以保证产品的质量，创新设计产品营销，打通农业的第一、第二、第三产业环节，形成一条完整的产业链。其具有的优势包括：第一，运用物联网全天候监测，通过大数据预测和分析，降低单位成本，并有效提升产量，让精准农业得以实现；第二，运用互联网技术，让农场采取信息化管理方式，形成一种工厂化的流程式运作。这样，既可以有更高的经营效率，也方便推广更先进的模式；第三，"互联网+农业"能够催生各种技术服务需求，如建设信息平台、搜集巨大数据等，让生产拥有更加广阔的产品销售空间。

之所以进行互联网农业创新，就是为了降低风险，让所有数据和市场变得可视化，从而控制生产产量，提升效率；重构农产品流通模式，不再采取传统农产品生产模式，而是运用全新的信息来源模式；学习国外可追溯农业，重视食品安全监管；推动农产品链条化，使产业结构实现纵向拉长；共享各种信息，了解最新、最全的信息。

二、智能大田种植

我国现代农业将大田种植模式作为现代农业的发展方向，而中国农业生产模式正在逐渐从家庭联产承包制转变为大田种植模式。大田农业信息化就是各种现代信息技术，如计算机技术、微电子技术、通信技术等广泛应用在产前对农田资源的管理、生产中对于农情的监测以及精细农业作业中，具体包括作物长势监测系统、农田管理与测土配方系统、病虫害预测预报与防控系统、墒情气象监控系统以及精细作业系统。

农田信息管理系统如今已经广泛运用到内蒙古、黑龙江、新疆等地，各地通过农田信息管理系统对农田地块、种植历史、生产和作物等各个环节展开数字化管理，信息得到了更准确地处理、更系统地分析以及更高效地利用，而且实时更新维护电子地图保证了农田数据的准确性和时效性。将大田种植和现代先进科技相结合之后，降低了人力成本，提高了产出，推动单位面积大田种植实现最大效益，这也是研究大田种植的根本目的。我国大田种植信息化的发展将精细农业作为核心，向着精准化、数字化、管理信息化、智能化与服务网络化等模式发展。通过信息化推动农业现代化，借助信息技术对传统的种植业进行改造，为现代农业提供更好的装备，借助信息服务实现市场和生产的直接对接，将人工智能、数据库和大田作物生产相结合，如地理信息技术、作物生长模拟、遥感技术、全球定位系统等，借助计算机实现大田种植的科学化生产管理。

农业大田种植存在监测点多、分布范围广、供电与布线较为困难的特点，而智能农业大田种植管理系统可以通过物联网技术收集土壤情况传感器与智能气象站传来的信息，远程了解气象情况和土地墒情，从而根据实际情况自动或者远程控制各种农业设备。

（一）物联网信息采集系统

智能农业大田种植管理系统的物联网信息采集分为两部分，分别为地面信息采集与地下、水下信息采集。

1. 地面信息采集

一是可以借助各种地面的传感器实时收集温度、光照、湿度等各种有效信息，对大田作物生长情况形成更细致的了解。如果作物因某些因素而无法正常生长，用户就可以根据传感器发出的警报及时采取相应措施；二是通过气压、雨量、风向、风速传感器可以获取气象方面的信息，如果其中某项信息不在正常值范围之内，用户就可以通过各种措施降低或者避免自然灾害产生的损失。比如，在强降雨即将来临之时，及时开启大田蓄水口。

2. 地下、水下信息采集

一是能够对地下、水下土壤的水分、温度、水位、溶氧量、氮磷钾等信息进行采集；二是可以对土壤的水分、水位、温度信息进行监测，避免水资源浪费，避免大水漫灌致使土壤流失养分，实现合理灌溉；三是对pH值、氮磷钾、溶氧量进行监测，了解土地养分含量，从而实现精准施肥，提升产量，同时避免由于施肥量过大而导致各种环境问题。

（二）视频监控

视频监控系统就是在种植地周围安装摄像机进行实时监控，用户可以通过监控中心或者在异地借助互联网技术随时获得植物生长的实时信息。

（三）报警系统

用户可以为主机系统的所有传感器设备都设置一个合理的范围，如果某个地区的某个信息超出设定范围，就会瞬间触发报警系统。用户可以通过主机界面或者手机短信察觉到田间信息的变化，借助视频监控对田间情况进行核实，之后根据实际情况采取相应对策。

（四）专家指导系统

跟病虫害发生模型、农作物生长模型相比，专家指导系统可以让技术员、农户和农业专家等人直接从手持终端中接收到农田的各种关键数据，让农业生产能够在实时数据下进行精准控制。除此之外，系统可以运算与分析各种数据，并对农作物生产过程可能遇到的问题以及可能出现的病虫害发出警告，提出专业建议，便于农民及时采取措施，减少或避免农业生产将面临的损失，提升农产品的附加值与品质。

依托物联网的大田种植智能控制系统操作十分简单，用户只要用手指点几下，就能实时远程管理、监控田间情况，可以说非常便捷就让大田种植实现了智能化。该系统不但可以提升智能化与信息化的水平，提升农作物的产量和质量，而且人们可以借助发布指令来远程操控农业大棚，有效降低人力劳动成本，提升农作物产出效益。应用智慧大棚系统后，想要进行远程浇水施肥、关棚避雨、开棚透气等操作，只需要在手机客户端点几下就能完成，人力投入大大减少，经济收益显著增加。

如今，全国各农业地区都进行了试点工作，努力打破过去生产模式，借助各种新型农业物联网技术，让农业和科技实现更深度的融合，提升生产效率，创造更大价值，让农民得以增收致富。

第二节 养殖业

随着集约化、规模化养殖业发展速度的加快，越来越多的农户加入自动化养殖的行列中来，自动化养殖成为养殖业未来的发展趋势。它可以对动物的个体信息进行精准、高效监测，实时分析动物的健康、福利情况，是肉品溯源与福利养殖实现的基础。如今，生产中对动物个体信息的监测方式主要还是人工观测，不但耗费大量精力与时间，而且具有较强的主观性，数据不够准确。通过信息技术指导畜禽养殖生产，推动养殖业向现代农业转变。

一、智慧畜禽养殖

畜禽业受"互联网+"的影响，发生了巨大变革。畜禽从业者深受科技的影响，逐渐将先进技术融入产业链中，将传统畜牧业"智慧化"。近年来，国内外对畜禽养殖动物个体信息监测方面的研究主要是自动化养殖，通过提高监测动物个体信息的精度和自动化程度，减少人力的消耗，然而，仍有许多问题尚待探讨，主要有三个方面。

第一，研发动物行为监测智能装备。要想对动物个体的信息、福利和健康情况进行分析，先要保证采集动物信息的高效、准确。如今畜禽业已经广泛应用了无线射频识别技术，在监测动物的发情行为、饮食行为以及体重等方面取得了诸多突破，然而很少有信息监测系统能够实现对动物饮水、分娩、母性行为、疾病等方面的监测。很多监测动物行为的传感器必须置于动物体内或者固定在其身上，所以监测设备必须有较低的能耗、较小的体积，能实现防水功能和无线传输功能，之后的研究方向主要是专门处理复杂环境中的各种行为的智能化监测传感器。

第二，动物健康分析和动物行为模型构建。将动物的活动视频信息、叫声的声频信息和传感器采集到的运动方面的信息等与动物行为分类结合，建立映射关系，并借助各种传感技术和音视频对动物的各种行为进行分类，这就是动物行为模型构建。对动物个体信息进行实时采集分析，研究动物在各个生长阶段表现出的行为规律，并将其和对应的行为模型对比，如果不在正常范围内，则发出警报。

第三，动物养殖信息管理系统。饲养方式、生活环境、动物个体品种以及动物个体和个体之间都会对动物的个体信息产生影响，我们要重点研究的内容是如何在规模化养殖里收集到的海量动物个体信息中挖掘有价值的信息，然后进行综合分析，建立起动物福利养殖信息管理系统。

二、智慧水产养殖

作为全世界最大的水产养殖国，中国的养殖产量和规模都在世界名列前茅。随着养殖种类的扩大，水资源开发趋于饱和，必须将新兴技术运用到水产养殖中，借助科技实时监测环境数据，实现高效、及时的调节。通过物联网技术和水产养殖的结合，实现水产养殖的高产、高效、低成本、低污染。物联网系统因其较强的环境适应能力、智能化、可靠性等优点受到人们的欢迎，将物联网作为基础的智慧农业、智能家居等和人们的生活融合得越来越深。

随着水产品消费人群的不断扩大，消费者对水产品质量的要求提升，传统养殖方式已无法满足大众的需求。智慧水产养殖不但可以降低人力成本，提升品质，而且有效改善了养殖环境，对防治污染也起到了提供数据的作用。由此可见，未来水产的养殖趋势将是应用物联网技术的自动化养殖。随着科技的发展，智能水产养殖逐渐成为可能。以智能传感技术、智能处理技术及智能控制技术等物联网技术的智能水产养殖系统为代表，一系列拥有信息实时采集、信号无线传输、智能处理控制、预测预警信息发布、辅助决策提供等功能于一体，通过对水质参数的准确检测、数据的可靠传输、信息的智能处理以及控制机构的智能化、自动化的设备已经成功地帮助养殖户实现了新时代水产养殖的自动化科学管理。

智慧型渔业的实质就是将先进的信息、数字技术和传统渔业生产相融合，以提升渔业生产科技水平，降低或避免赤潮、气候等对渔业生产的影响，控制成本，提高效益。通过信息技术对每个渔业生产要素进行智能化控制、数字化设计、精准化运行和科学化管理，降低消耗和成本，提高产业效益。作为物联网水产科技的代表，水产养殖环境智能监控系统是面向新时代水产养殖高效、生态、安全的发展需求。基于物联网技术的使用，它是集水质采集、智能组网、无线传输、智能处理、预警报告、决策支持、智能控制等功能于一体的物联网水产系统。概而言之，渔民们无须担心其他事情，只需智能手机在手，便可养鱼无忧。

智慧水产养殖系统主要由两部分组成，其一是智能化电脑控制系统，包括水下感应器、系统软件、养殖设备、360°探头、互联网服务器等各种软硬件；其二为水循环系统，包括微生物降解设备与过滤设备。智能控制中心有一个监视屏，显示鱼塘的监控画面，下方会列出各个鱼塘的pH值、水温、溶氧量等指标。不管是否亲自来到现场，都可以掌握水塘的具体情况。当某一项数值不在标准范围之内时，系统就会直接将对应设备启动，针对性地处理问题。所有这些都是建立在互联网连接智慧渔业养殖系统之上的。系统会与养殖者的终端相连，协助其随时查看养殖情况。例如，养殖过程中会有很多排泄物产生，这会导致水里的各种杂质和氨氮含量提高，溶氧量降低，系统发现问题之后就会发出警报，并自动将水循环设备启动，保证鱼塘温度稳定，保持水质适中。当需要进行投饵时，系统会根据水文环境分析出合适的投饵方案，之后借助与其相连的智能打印机直接将方案打印出来，养殖者只需要根据方案投饵即可。

第三节　林业

"互联网+林业"将林业和各种先进技术进行有机结合，形成了一种可持续发展、高效率的林业发展模式。林业现代化不但为生态文明建设提供了保障，而且是美丽中国建设中不可或缺的关键内容。而现代林业的建设又以林业资源为基础，只有实现林业资源的优化发展，才能保证生态文明建设工作的顺利进行。林业以管理和开发森林资源为工作的核心内容。在过去，人们没有掌握正确的保护林业的方式，做出的某些行为对生态环境产生了一定的影响。因此，我们现在担负着一项重要任务，那就是在保护当下现有资源和对受到破坏的森林资源进行恢复的同时，找到林业可持续发展的正确道路。而智慧林业就是推动林业现代化进程的重要举措，我们可以通过智慧林业的各种技术手段对森林生态系统进行实时监控，甚至对各种复杂地形的信息进行收集和分析，展开针对性的保护与救援行动，实现对森林资源的科学开发、管理，以保证森林生态系统的良性循环。

一、科学分析形势，准确把握林业信息化建设总体思路

信息化技术是林业改革的强大推动力，是实现资源保护与质量效益的保障，对林业现代化建设的意义非比寻常。林业信息化有利于林业资源优化配置，提高林业的管理水平和产业经营水平，有利于林业人员素养的提高、生态文化的传播以及科技的进步。我国要尽快在林业治理理念中融入当代互联网思维；尽快将林业治理和现代信息技术相结合，提升工作效率；尽快建设完善的信息高速公路，让林区展现出全新的面貌；尽快提供多元化的信息服务，为产业提质增效奠定基础；尽快实现信息惠民，帮助林农增收致富。

加快林业信息化发展，既有良好的基础和机遇，也存在众多突出问题：一是很多地方还没有认识到林业信息化建设的重要性，有的甚至还认为林业信息化是信息化部门的事；二是部分单位没有主动运用现代信息技术的意识，在实际工作中没能有效地融合信息技术或者进行创新，只局限于当下的工作定式与思维方式；三是资金投入与政策措施的力度太小，缺乏优秀的复合型人才，没有形成均衡的林业信息化水平，各自为政的现象依然存在。各地各单位对这些问题要高度重视，认真研究解决，倍加珍惜稍纵即逝的发展机遇，倍加珍惜来之不易的建设成果，以"互联网+"为契机，以引领林业现代化为目标，科学谋划林业信息化工作。

（一）要用互联网思维

互联网时代已经到来，互联网思维是每个林业工作者都要掌握的，通过创新思维寻求更多思路，通过融合思维推动林业发展，通过用户思维加强服务能力，通过快速思维提升工作效率，通过极致思维增加管理水平，通过协作思维凝聚公众力量，勇敢向着困难出发，保持包容开放的心态；完善创新平台与参与机制，让林业拥有更广阔的发展空间，更宽阔的投入渠道，让每一个对林业关心、对生态关心的人都加入林业现代化建设队伍中。

（二）要用大数据决策

立足于大数据、云计算等先进信息技术，建立统一的智慧决策平台，通过对海量数据的实时采集、深入分析与可视化展现，为林业决策提供技术和数据上的支持，通过林业风险预警系统及时察觉潜在的、战略性的问题，对林业的现状与发展趋势进行智能化分析和预判，提升林业决策的预见性、科学性。

（三）要进行智能型生产

推动林业与新一代信息技术深度融合进程，创新发展理念，提升效率，加快林业生产的转型升级。将电商、O2O、PPP等模式引入到林业领域，保证各种生产要素如技术、资本、物品、人力、设备在产业领域自由流动，实现资源的高效利用，让农民能够随时随地了解市场情况，激发林区发展活力，提高产品质量与生产效率，为大众创业、万众创新营造良好的林业环境，让林业具备更强的核心竞争力。

（四）要协同化办公

遵循共建共享、互联互通原则，形成一个协同林业多个层级、环节和领域的政务管理信息系统，建立公正、公开、高效的林业管理体系，实现移动化、智慧化办公，加强林业信息化管理，促进林业治理水平的提高。

（五）运用云信息服务

借助移动互联网、云计算等信息技术打造中国林业云服务平台，保证林业数据的交换效率、更新频率，实现林业数据的集中保存与协同共享，为林企、林农、社会公众和管理部门提供全媒体、全时空、权威、全面的高质量林业信息服务。

二、抓住关键环节，大力推进"互联网+"林业建设

第一，要以"互联网+"为基础对政务服务进行拓展，实现林业治理

的公开、高效。我国当前的林业政务服务已经无法满足日益增加的社会需求，需要尽快将政府公共服务与"互联网+"进行深度融合，加强林业部门管理能力，提高其服务水平。要继续对中国林业的网站群进行优化，扩展站群类型，增加站群规模，实现林业各级部门与核心业务全覆盖。要推进中国林业云创新工程建设，实现站群云服务平台统一建设、核心功能统一开发、数据资源统一管理。要打造智慧林业决策平台，通过大数据分析系统，对互联网涉林信息进行态势分析，提升智能决策能力。

第二，要依托"互联网+"深化林业改革，实现资源增长和林农增收。当下，集体林权的深化改革与国有林场的改革正处于关键时刻，要保证林业信息化与林业改革协同发展，并成为林业改革的强大推动力。通过新一代信息技术对资源资产权属进行厘清，通过建设资源动态监管系统与林业统一数据库，从数据和技术上支持林业资源的监管，实现对森林抚育、企业改制、资源资产的监管与绩效考核，保证资源资产只增不减。通过建设智慧林区，为林区的群众、职工提供信息服务，方便群众生活，增加职工工作效率。建立整合全国信息的林权数据库以及林权交易平台，盘活林地资源，确保林权按照规范秩序流转，提高林业经济活力。

第三，要依托"互联网+"加强资源监管，实现生态保护无缝衔接。林业资源保护一直都面临着不断增加的压力，由于生态极易被破坏又极难恢复，许多资源甚至是完全不可再生的，因此，信息技术的应用迫在眉睫。通过信息技术形成林业一张图，构建智慧林业资源监管平台，对森林、沙地、湿地、野生动植物等资源进行精准、实时监管，提高国家动态监管、精准保护林业资源的能力，对滥伐盗采等对森林资源造成破坏的行为进行严厉打击，保证国家的林业资源利用与保护的监管长期有效。为了保护野生动植物，要尽快完善智慧野生动植物保护工程，形成野生动植物资源信息管理平台和监测体系，加强对此类资源的保护、利用和监管。通过评估互联网与林业生态监测，为林业生态工程的完善与管理提供科学理论上的支持。开发林业大数据，建立专门分析林业发展的大数据模型，提升宏观决策能力。

第四，要依托"互联网+"开展生态修复，实现生态建设科学有序。如今许多地方重视栽培，轻视管护，使得造林质量较低，绿化成果极难维持，亟须将"互联网+"融入生态修复工作中，通过监督核查造林重点工程，加强造林的精细化管理，确定科学、合理的造林方案，提升生态修复的质量。通过升级智慧营造林管理系统，推广林地测图配方示范应用，形成现代化的营造林管理手段，让营造林绩效管理水平得到有效提高。加强智慧林业重点工程建设，保证从立项、启动、执行到验收的全过程都在信息化管理中，对工程实施情况进行精准把控，提升监管水平，提高工作效率。

第五，要依托"互联网+"强化应急管理，降低或避免生态灾害的影响。我国是沙尘暴多发国家，森林火灾和病虫灾害也比较严重，这些生态灾害会对林业造成很大影响，所以必须尽快通过信息化手段对各种信息进行集中管理和监测，加强应急指挥，加强预警机制，避免灾害的发生与蔓延。通过建设林业应急感知平台，各种建设成果推广到各地，保证林业的监控感知功能运行，提高应急指挥、联动和管理水平。要尽快实现应急监测预警物联网在各地的应用，提高全国各地对灾情的防控能力，增强指挥调度能力。要加快林业生态保护北斗示范应用项目的进程，形成全新的北斗导航应用模式，实现从国家到省、市、县、乡的多级联动。

第六，依托"互联网+"发展林业产业，实现发展方式转型升级。随着人们生活水平的快速提高，公众对优质绿色的产品的需求日益增加，对森林、湿地等自然美景的向往日趋强烈。要抓住"互联网+"这个契机，加快林业的转型升级进程，让林产品的销售渠道得到进一步拓宽，让更多人了解到优质的林产品与森林旅游产品，这样，不但可以实现林业增收，而且惠及大众。通过智慧林业两化融合，加强林业管理能力，提高林业产业竞争力。通过智慧林业产业培育工程建设，加大林业产业和信息技术的融合程度，培育出全新的产业业态。通过对林产品交易平台成果的推广和应用，让林农、林企享受到更加便捷、智能的服务。通过林产品质量安全监管物联网，对林业产品从采伐、生产到运输、配送、销售全过程数据进行监控，保证质量，为消费者提供数据追溯和信息查询功能。通过国际林产品贸易投资平台，实现国际上的林业技术交流，展开跨国合作，增强中国林业在国际上的影响力。

第七，依托"互联网+"繁荣生态文化，实现生态事业全民参与。随着信息技术在社会上的广泛应用，信息技术成为建设生态文化、营造良好生态文明氛围、构建生态文化交流平台不可缺少的重要手段。要打造林业全新媒体，在现有"三微一端"的基础上，构建行业微博群、微信群、微视群和移动客户端超市，实现主动推送服务，形成全行业集群化沟通服务新模式。要创新生态文化业态和生态文化传播方式，在在线培训、图书出版、远程教育等方面培育形式多样的新型文化业态，形成全民参与、全民共享的生态文明建设新风尚。通过建设智慧林业数字图书馆、文化馆等，实现生态文明成果的共享。

第八，要依托"互联网+"夯实基础条件，实现林业要素融合慧治。加快林业现代化，迫切需要加强林业宽带网络及信息采集、传输体系建设，进一步夯实和提升基础支撑能力。要充分利用国家电子政务网络，加快网络建设，实现林业全行业网络的互通互联。要继续推进基础设施建设，建设林业大数据中心，实现林业数据大集中。要尽快建设林业数据灾备中心，确保林业信息安全。

"互联网+"带来了发展的良机，激发了传统行业发展创新的活力，无论是企业还是政府，都会在"互联网+"战略中获得收益。不过"互联网+林业"并非一蹴而就的，它是一项系统性、长期性的工作，需要分阶段和步骤，一点点地推进。

一为整合资源。互联互通是互联网最显著的优势，而"互联网+林业"显然无法依靠单个行业得到发展。所以必须要打破地域、业务和级别上的界限，将各类信息资源进行充分整合，通过信息化业务协同让全行业的信息资源利用能力与服务管理水平得到提升。例如，如果在广袤林区进行无线网络建设，需要巨大的投入，但其实可以直接将通信运营商的无线网络进行整合，通过资费调整和信号覆盖让无线网络覆盖整个林区，实现共享互通的目标。

二为融合创新。单纯整合资源，无法确保效益的最大化，创新和融合是其关键点。要集成核心技术和机制，实施国际同步、应用先行的标准化战略，站在标准制高点。通过融合林地资源、气象动态、交通通信方面的信息和资源，创新发展"大林业"智能化管理服务系统。在进行林业产业开发时可以学习各种电商平台，如"大众点评""美团"等，将特色林产品、特色森林景区和银行、餐饮、交通等相融合，通过互联网的"+交通""+金融""+通信"模式形成"智慧城市"电商平台，构建全新的"互联网+林业"商业模式。

三是循序渐进。要从基础设施、组织管理、应用示范工程、顶层设计等多个维度切入，从基础建设开始，到展开实施，再到深化应用，分阶段实施。在基础建设阶段，要加强信息化成果建设，强化顶层设计，优先将林业应急感知系统、林区无线网、物联网等建设完成，打好发展的基础；在展开实施阶段，将各种工程建设完成，如林业"天网"系统、营造林管理系统、智慧林业资源监管工程、中国林业网站群、智慧林业量化融合工程、智慧林业野生动植物保护工程、智慧商务建设工程、智慧林业文化建设工程等；在深化运用阶段，结合上述工程建成智慧林政管理平台、智慧林业决策平台、智慧林业监管工程、智慧林业信息服务平台、智慧生态旅游建设工程等。通过各部分的相互融合、衔接，达到质的飞跃。

第三章　农业经营方式和经营决策

第一节　农业经营方式概述

一、农业经营方式的概念

微观农业经济主体在某种经济形势中为了进行农业生产经营活动所使用的农业生产要素组合、经营管理和经济运行的具体形式，就是农业经营方式。农业经营方式是与一定农业技术发展水平、经营管理水平相适应的农业生产经营的具体组织形式。它涉及的问题包括：农业劳动的组织方式、劳动者与生产资料的结合方式、农业生产要素的协调方式以及农业生产经营过程中的经济权力、经济责任和经济利益三者之间的结合状况。经济形式是经营方式的基础，某种经济形式必然拥有一种与其相对应的农业经营方式，以确保特定经营目标的实现。但农业经济形式对农业经营方式的要求随时会发生变化，不同的农业生产力水平会形成不同的农业经营方式。现阶段，我国农业中存在多种经济形式，自然就存在多种经营方式。

二、农业经营方式确立的依据

（一）农业生产力发展水平

从人类历史发展的进程看，农业生产力不同的发展阶段及其性质，对于农业经营方式的确立有着直接的作用。农业经营方式必须与农业生产力的发展水平相适应,由于现阶段我国农业生产力的发展不但总体水平低,而且各地不平衡,因此,客观上决定了多种农业经营方式并存。

(二)农业生产的特点

农业生产是自然再生产和经济再生产交织在一起进行的,以活的生物有机体为生产对象的特殊生产部门。农业生产对象都有其自身的生长发育规律,都需要一定的外界环境条件,而人们的生产劳动过程,又是在动植物循环往复、周而复始的滋生繁衍过程中进行的。在科学技术还不能完全按人的意志支配生产环境条件之前,影响生物生长发育的不确定因素又很多的情况下,要求劳动者在生产劳动以及经营管理上具有高度的责任感和灵活性。同时,由于农业生产最终成果的大小除受自然环境因素的影响外,与农业劳动者在作物每一个生长发育阶段是否精心管理和照料关系极大,单一的、较大规模的农业经营方式拉大了农业经营决策者与直接劳动者之间的直线管理距离,失去了解决农业中不确定性决策问题的时效性,必然导致农业劳动生产率和土地生产率的降低。因此,客观上需要农业生产采用多种经营方式。

(三)农业生产资料产权的组合方式

农民在农业生产中采用的经营方式,不仅取决于农业生产的特点、社会生产力的发展状况,还取决于农业生产资料所有权和使用权的组合方式。人民公社化时期的集体统一经营是建立在农村土地所有权和使用权高度统一的前提下的,而农村家庭承包经营则是建立在农村地域性合作经济组织内部的土地所有权和使用权相分离的条件下的。所以,一定的经济形式决定着与此相适应的经营方式。

三、农业经营方式的基本类型

我国农业经济形式和经营方式在十一届三中全会之前较为单一,农业与农村经济仍有待发展。随着农业经济体制改革的不断深入,我国农业的格局发生改变,形成了以公有制经济为主体,多种经济成分、经营方式、组织形式并存的局面,与我国农村生产力发展不平衡,各地的社会化程度、自然条件等不同的情况相适应。如今我国农业经营方式包括以下几种类型：

（一）集体统一经营

集体统一经营是指集体所有制农业企业对本单位的生产经营活动进行直接经营管理的方式。这种经营方式的所有权和经营权相统一，所有者就是经营者，所有者直接运用所拥有的生产资料，进行农业生产经营活动。

（二）承包经营

承包经营指的是以生产资料所有制为前提，根据经营权和所有权相互分离的基本原则，通过签订合同，明确双方的责任与权利关系，发包方根据约定好的条件将自己占有的部分资产经营权转让到承包方手里，承包方要负责承包经营资产的安全，进行自主经营、自负盈亏的经营方式。实行承包经营责任制，必须由承包方同发包方根据平等、自愿、协商的原则，签订承包合同。在签订承包合同时，明确规定承包形式、承包期限、各项承包指标、利润分配形式、债权债务的处理、合同双方的权利和义务、违约责任等。实行承包经营，将所有权和经营权分离开来，可以形成更完善的竞争机制、自我约束机制以及风险机制，让生产经营者具有更高的积极性，从而有效提高经济效益。

（三）统分结合的双层经营

双层经营体制即我国农村在实行联产承包制之后所形成的一种结合了家庭分散经营与集体统一经营的经营形式。农村双层经营体制将农村经济组织分为两个层次：一层为集体经济组织的统一经营，另一层为家庭分散经营，而承包关系则是两层的连接点。

根据此种经营模式，集体经济组织在进行生产经营、联产承包，建立家庭承包经营的同时，还需要负责统一管理和经营许多农户不愿意或者不适合承包经营的农业活动与生产项目，如大型农机具的管理、个别农副产品的生产，防疫、植保、配种、制种等农业社会化服务，大规模的农田基本建设活动,等等。该经营体制存在两个经营层次,这就是双层经营体制名字的由来。

我国农村广泛采取将家庭作为单位进行分散经营的形式,这与当前农业生产力水平情况相适应,可以有效避免和减少经营方式过分单一、管理过分集中带来的种种问题,充分激发农民的积极性,提高其经营自主权。不过,分散经营导致机械化耕作难以实现,缺少抵御自然灾害的能力,而集体经营可以达成分散经营无法完成的生产活动。因此,结合了统一经营和分散经营的双层经营责任制能够对个人与集体的利益进行合理协调,充分发挥劳动者与集体的积极性,获取更可观的经济效益。

(四)租赁经营

租赁经营是指在生产资料所有制的基础上,根据所有权和经营权分离的原则,承租方租赁出租方的企业资产来进行经营,承租方向出租方交付租金并对企业实行自主经营的一种经营方式。租赁经营是所有权和经营权分离的又一种经营方式,其不仅包括企业中的固定资产,还包括企业生产资料的使用、占有和收益权以及对职工的管理指挥权。承租者作为企业的经营者,享有对企业的经营管理权,并承担企业经营管理的全部责任。承租者既要向出租者交纳租金,也要承担上缴税收的义务。租赁经营使出租方与承租方的关系更加明确,权利与义务更加清晰,有利于实现生产要素的优化组合,能充分调动承租方的生产积极性。

(五)股份制经营

股份制经营就是通过资产入股的方式将各种分散在多个占有者或者所有者手中的经营要素全部集中到一起进行统一管理和经营,然后将经营成果转换成货币的形式,并根据入股比例进行分红的经营方式。股份制经营的两权分离程度更高,可以保证企业具有更加全面、完善的经营机制,有利于横向经济联合的发展,有利于获取更高的规模经济效益。

（六）个体经营

个体经营是在生产资料归个人所有的基础上，以劳动者个人（包括家庭成员）为主体，自主经营、自负盈亏的一种经营方式。

（七）雇工经营

雇工经营是指农户、个体户、独资企业、合伙企业以及其他私营或合作企业以合同形式招雇工人以从事生产活动的一种经营方式。雇工经营是经营体制改革的产物。

（八）集团化经营

在商品经济与社会化大生产发展到一定水平后，为了实现国际化发展所形成的一种跨越地域与所有制的大规模联合经营或经济联合就是集团化经营。企业集团是集团化经营中最为典型的一种组织形式。企业集团往往是把实力雄厚的企业作为核心，通过契约或者资产形式的纽带，将众多企业联结成一个整体的法人联合体。

（九）国际化经营

国际化经营，也被称为跨国经营，指的是农业为了参与到国际分工和交换中而采取的经营活动。通常指的是我国企业前往国外"租地种粮"或者投资办企业。国际化经营是当前中国农村发展外向型经济的关键手段，也是中国农业企业进入国际市场参与竞争、不再局限于国内需求的重要方式。近几年，我国许多发达地区的农民和乡镇企业都选择走出国门，投资海外，开发资源，创办养殖、种植企业，并取得了可观的经济效益。随着商品经济的持续发展与改革开放的不断深入，将来会出现更多的采取农业国际化经营方式的乡镇企业与农民。

第二节 农业生产经营决策概述

一、农业生产经营决策的概念与意义

(一)农业生产经营决策的概念

农业生产经营决策是指农业企业通过对其外部环境和内部条件进行综合分析,确定企业经营目标,选择最优方案并组织实施的过程。在现代企业经营管理中,经营决策是经营管理的首要职能和核心内容,是提高企业管理水平和经济效益的关键。

一般来说,一个完整的农业生产经营决策必须具备以下几个因素:

第一,决策者意欲达到的目标。

第二,两个以上的互斥的备选方案。(提供多个方案可供选择,取最优方案)

第三,资源约束条件。

(二)农业生产经营决策的意义

1. 农业生产经营决策是农业企业经营管理的核心工作和基础工作

决策贯穿于企业经营管理过程的始终和管理工作的各个方面。从管理的四大职能方面来看,农业生产经营决策贯穿于计划、组织、领导、控制的过程之中;从企业经营的业务活动方面看,农业生产经营决策则贯穿于采购活动、生产活动、营销活动、财务管理、人力资源管理等工作的各个方面。农业企业的管理活动总是涉及资源分配和利用的问题,也就有决策问题。没有正确的决策就没有择优的过程,也就不能做好农业企业的各项管理工作;不能科学地组织生产经营活动,势必会影响目标的实现。

2. 农业生产经营决策是农业经济管理活动成功的前提

决策是管理的重要内容,管理能否达到预期目标,关键要看各级管理人员的决策是否正确。决策涉及农业企业管理的方方面面,如发展方向、经营方针、资源配置,以及较为微观的生产活动、营销活动、财务活动,等等。农业企业在一定生产条件下,如何配置稀缺资源,采用什

么样的生产方式，产品卖到哪里，价格如何制定，技术研发方向、投资方向是什么等都需要科学的决策。决策正确，企业经营管理水平就高，带来的绩效和价值就大；决策错误，就会造成经营失误，给企业带来损失。因此，农业生产经营决策是农业经济管理活动成功的前提。

3.经营决策是管理人员的主要职责

农业生产环节多，管理工作千头万绪，各级管理人员的决策工作内容不尽相同：高层管理人员主要解决的是全局性的以及与外部环境有关的重大问题，大部分属于战略决策；中层管理人员涉及的多是安排企业一定时期的生产经营任务，或者为了解决一些重要问题而采取的措施；基层管理人员主要解决具体作业中的问题，属于业务决策，如设备使用、任务安排等。

4.正确的决策有助于把握机会、规避风险

农业决策不仅面临自然环境带来的风险，还面临着市场风险。农业生产的商品化程度越高，农业经营者面临的市场风险就会越大，也就更加难以进行决策。决策人员应通过科学决策，识别市场机会和威胁，认识自身的优势和劣势，合理地扬长避短，规避风险，避免盲目上项目、搞生产给企业带来的损失。

二、农业生产经营决策的基本原则

科学的农业生产经营决策是指在科学的理论指导下，结合农村经营实际，通过科学的方法所作的符合客观规律的决策。其基本原则是：

（一）预测原则

决策是否正确受到对将来的后果进行的判断是否正确的影响。农业生产经营结果存在滞后性，因此，一些决策、改革或者行动纲领并不一定会在短期内产生明显的影响，但是，如果发现了问题，往往就已经为时已晚，造成了不可避免的损失。所以通过未来学理论和方法进行科学预测，让决策建立在科学之上，是农业生产经营决策科学化的重要原则。

（二）可行性原则

科学决策还要求决策必须具有可行性。而要保证可行性，就需要让决策遵循农业生产经营的客观规律。决策中的可行性原则意味着不能单纯考虑需要，还要考虑可能；不能单纯考虑成功机会和有利因素，或者单纯考虑失败风险和不利因素，而是要将两者综合到一起考虑；还要放眼未来，从长远来看农业生产经营决策可能对未来产生的影响，要克服局限性、盲目性和片面性，让决策可行、可靠。

（三）系统原则

现代科学决策还有一大特点，那就是应用系统工程的理论和方法进行农业生产经营决策。系统原则要求在农业生产经营决策中做到有整体思想，统筹兼顾，全面安排，以整体目标的最优化为准绳；每一个农业生产部门和单个农业项目的发展都要以服从整体农业生产目标为原则；强调系统中各层级、各部分、各项目之间的先后关系、相互关系、主次关系，达到配套齐全、结构完整、系统平衡，以构成最大的综合能力；建立反馈系统，实现动态平衡。

（四）对比择优原则

对比择优在农业生产经营决策中是一个关键步骤，它是比较到决断的整个过程。对比择优需要通过系统分析与综合，提出多样化的方案、方式、途径，之后采取择优方式，选择其中最合适的一个方案来作为最后决策。对比既要将多种农业生产经营方案相互比较，还要将所有的方案和农业生产的客观实际进行认真、详细地比较，因地、因时、因事制宜，进行科学的、全面的评价。要将每一个农业生产经营方案可能产生的影响与后果进行比较，考虑方案中的种种必要条件，如人力、财力、物力等，选择最佳方案。择优过程既需要应用现代数学方法，也需要采取社会学方法，要将两者综合运用，对可能产生的后果进行权衡决策。

（五）反馈原则

反馈原则是指用实践来检验农业生产经营决策所产生的行动后果，以便反馈之后加以调整，其目的是保持农业生产经营决策的科学性。环境和需要经常发生变化，原先的决策要根据变化了的情况和实践进行反馈，以做出相应的改变或调整，使决策更加合理和科学。

（六）集体决策原则

随着社会的发展和农业科学技术的进步，农业生产经营决策变得越来越复杂，个人或少数人已不能完全胜任。所以，实行集体决策或者智囊团决策，是决策科学化的重要组织保障。这里的集体决策并非单纯地进行集体讨论，遵循少数服从多数的原则，而是充分利用智囊团这个助手、顾问、参谋，为决策者提供农业生产经营决策方面的服务。一般来说，要根据农业生产经营决策任务的侧重点，集结相关领域的工程技术人员、农业科学家、管理者等，通过系统调查、研究，掌握农业生产的历史情况和现状，积累数据，掌握资料，分析研究，通过方案论证、方向探索、平行协议、对比择优、科学预测、综合研究等环节，为决策者提出可供参考的、有可行性的农业生产经营方案。这种方案是集体智慧的结晶，有定量依据，有权衡比较，从而可以有效避免决策的片面性。

第三节　农业生产经营决策的程序及类型

一、农业生产经营决策的程序

科学的农业生产经营决策过程，大致可分为以下几个步骤：

（一）发现问题

农业生产经营决策的第一步就是发现问题。所谓问题，就是应有现象和实际现象之间出现的差距。"问题"可能是农业生产发展的某种障碍，也可能是农业发展前途的有利时机。所有决策工作的步骤，都是从发现问题开始的。农业生产经营者，应该善于发现问题，找出差距，并能准确确定问题的性质。对农业生产经营问题产生的背景、原因和条件，都要认真地分析，力求做到准确。

（二）确定决策目标

决策的前提是确定农业生产经营目标。农业生产经营目标指的是在某种农业生产经营环境条件中，以预测为基础所期望得到的农业生产经营结果。决策目标应根据所要解决的农业生产经营问题来确定，因此，必须把需要解决的问题的性质及其产生的原因分析清楚，只有这样，才能确定农业生产经营目标。

决策目标所要解决的问题就是差距。例如，我们要解决农产品质量低的问题，就要找出农产品质量现状和产品质量标准之间的差距。找到差距之后，还不能马上确定决策目标。因为这样的目标还很抽象，没有找到问题的根源。因为农产品质量低的原因可能有很多，如生产技术水平低、原料质量差、设备陈旧、管理不善等，必须找到导致农产品质量低的根本原因，才能对症下药，制定出具体的决策目标。

（三）拟订可行方案

在农业生产经营目标确定之后，就要探索和拟订各种可能的农业生产经营方案。一般的做法是，拟订一定数量和质量的可行方案，择优选择，以得出最佳的决策。如果只拟定一个方案，没有比较和选择的余地，就无从判别方案的优劣。因此，拟订多种方案是农业生产经营决策的基础。多种方案拟订的要求是：一方面要具备详尽性。这就要求拟订全部备选方案，应当把所有的可行方案都囊括进来。如果拟订的全部方案中，漏掉了某些可行方案，那么最后选择的方案，就有可能不是最优的。另一方面是排斥性。这就要求各种备选方案必须有原则性的区别，互相排斥。

（四）方案选优

在拟订农业生产经营方案工作完成以后，就要对这些方案进行比较评价，从各种可供选择的方案中，权衡利弊，选择其一。这是领导者的决策行动，是一项极其复杂的工作，它要求决策者具有较高的判断能力。首先，要正确认识领导者和农业技术专家之间的关系。专家参与决策工作在现代决策中必不可少，但这些专家只是受领导者的委托参与进来的，没有替领导决策的权力，决策的作出者是领导者。一个好的决策者，既要依靠专家，又不能为专家所左右，不能成为一个毫无主见的人。其次，当各种备选方案提出后，领导者要从战略的、系统的观点出发，既要考虑经营者的直接利益，又要考虑社会效益和消费者的利益；既要从大处着眼，又要从小处着手，并且要运用科学的方法，做好方案的选择工作。

（五）典型试验

在选定了某个农业生产经营方案后，就要进行典型试验，对该方案的可靠性进行验证。典型试验，又称为"试点"，必须坚持求真、务实的原则，科学地展开实践，这样才能得到实际的效果。试点必须在全局中具有典型性，并严格按照所决策的方案实施。这样，若试点成功，则转入全面实施；若失败，则需反馈回去，修正农业生产经营决策。

（六）普遍实施

通过上一阶段的试验，如果达到预期效果，那么就进入农业生产经营决策实施阶段，就是把农业生产经营决策目标落实到每一个执行单位，明确各自的责任，并及时掌握执行过程中的具体情况。

（七）追踪控制

在农业生产经营决策付诸具体实践之后，在执行过程中可能会发生各种各样的情况，导致方案与目标出现偏离，因此，必须注意跟踪检查。如果偏离了原定的目标，就应及时反馈并进行控制，不断修正方案，以便实现原定的农业生产经营目标。如果有的农业生产经营方案几经修订，仍达不到预期的目标，就要对决策本身进行分析，以发现问题，及时改正，重新进行追踪决策。追踪决策是指原有决策因主、客观情况发生重大变化所作出的决策，是农业生产经营科学决策过程中的正常现象。

二、农业生产经营决策的类型

农业生产经营决策的方法根据未来事件发生概率的明确与否，可分为不确定型决策方法、风险型决策方法和确定型决策方法。

（一）不确定型决策方法

不确定型决策是指决策者无法确定决策事件未来各种自然状态出现

的概率,完全凭个人的经验、感觉和估计作出的决策。目前,这种决策已经有一些决策准则,供不同类型和风格的决策者选用。可以通过具体的例子理解如何用不确定型决策方法处理农业生产经营决策问题。

(二)风险型决策方法

风险型决策即决策事件将来会出现的自然状态都是随机的,而决策者可以根据类似的历史统计资料或者采取试验测试的方法对可能出现的自然状态的概率进行估计,并依其大小计算分析后作出的决策。风险型决策可采用收益表、决策树等方法。

1. 收益表法

决策收益表又称决策损益矩阵。该表包括可行方案、自然状态及其概率和每个方案的损益值等数据。

2. 决策树法

决策树是一种直观地表述决策过程的工具,它表示的是决策过程中发生的自然或逻辑的进展过程。利用决策树表述风险决策的优点是表达清晰,易于处理较复杂的多步决策问题。

(三)确定型决策方法

确定型决策也称确定情况下的决策,是指决策者面临的自然状态是确定的,决策者对自然状态的了解既充分又完全。

第四章　农村金融

第一节　新农村建设与农村金融

农村金融是国家宏观金融体系的重要组成部分。基于"经济决定金融，金融反作用经济"这一理论，一个国家农村金融的发达程度是由该国农村经济发展情况所决定的，同时，农村金融状况的好坏在很大程度上影响着农村经济发展的速度。

农村金融是我国金融体系的重要组成部分，是建设社会主义新农村的重要条件，是支持服务"三农"的重要力量，在"三农"发展、新农村建设进程中，财政对农业基础设施和农村公益事业的投入固然重要，但广大农业企业和农户所需的生产经营资金仍主要依靠农村金融支持。

"三农问题"，即农业、农村和农民的问题，是关系到党和国家工作全局的根本性问题。农业是一个国家自立与发展工业的基础，如果农村不能实现稳定与全面进步，那就遑论整个社会的稳定与全面进步。农业的丰厚为第二产业与第三产业奠定了牢固的基础，农村的稳定决定了社会的安定与否，而农民的富裕则与国家的昌盛息息相关。

"新农村建设"不是一个新概念，早在1949年年初就已经出现。中国共产党在其战略思想中一贯重视农业、农村和农民问题。改革开放四十多年来，我国农业发展获得了非常可观的成就，基本上完成历史性的转变，实现了农产品供求平衡、丰年有余。

尽管自新中国成立之后，我国一直都将农业看作国民经济发展的基础，将其放在重要的发展位置上，在改革开放之后，大力推动农村改革，全党都以"三农"工作作为重点工作内容，重视统筹城乡发展。

当前，"三农"问题已经成为影响我国全面发展的重大问题。要想国家的经济稳定，前提是农业必须稳定；要想国家真正发展，前提是农村必须发展；要想国家持久繁荣，农民就必须首先富裕。因此，只有当农业振兴了，才能保证国民经济全局的稳定，增强经济发展活力，实现国家持续发展。

要想解决"三农"问题，必须加强新农村建设；加强新农村建设，需要农村金融的资金支持。农村金融离不开新农村建设，新农村建设对农村金融有决定性的作用。

农村生产力水平的发展程度和农村商品经济的成熟程度决定了农村金融规模的完善程度和发展程度。在一些经济相对成熟和发达的国家和地区，经济发展水平相对较高，因此，在农业生产中，机械化程度和科技含量相对较高，管理体制和制度相对完善，以大型农场为主要经营模式。因此，在生产过程中所需要的资金量较大，不能仅靠政策性金融提供的资金来满足正常需求。在经济欠发达的国家和地区，农业生产相对分散，主要以个体农户为单位，机械使用率较低，管理相对松散。在这种情况下，生产者在生产中所需要的资金量相对较少。

农业生产和农村经济效益的提高对于农村金融效益的提高具有决定性作用。随着农业体制的改革，传统农业逐步被现代农业所替代，农业生产经营活动的效益也在不断地提高。在相对发达的国家和地区，农业生产多以机械代替人力，劳动效率普遍较高，同时，现代科学技术在农业产业中的广泛应用以及配套的保险产品和国家的大量补贴，使得农业和工商业的经济效益相差并不大；而在经济欠发达的国家和地区，农业生产主要靠人力，因此，农业经营效益与工商业经营效益的差距很大。

农村经济在不同发展阶段对资金的需求状况给农村金融发展的趋势提供了重要的现实依据。农业生产者进行农业生产投资时产生的资金缺口决定了农村金融所面临的市场规模，以及需要提供什么类型和特点的金融产品才能满足这个市场。

农村经济基础对农村金融市场起着决定性作用，即经济基础决定着上层建筑，市场需求决定着市场供给。因此，新农村建设对农村金融有着关键性的作用。只有加强新农村建设，打好经济基础，才能有利于农村金融体系的建立和完善。

虽然农村金融的建立和发展面临着巨大的挑战，但农村金融在农业经济生活中的重要性不容忽视，它是农村经济得以顺利进行的重要支柱。在新农村建设中起到举足轻重、不可或缺的作用，给新农村建设以强大的保障。

农村金融健康良好的发展给予农村经济的发展大量的资金支持。随着新农村的建设，农业生产和农村经济活动的广泛开展，无论是农村基础设施建设，还是扩大农业生产规模，甚至提高科学技术含量，都离不开农村金融提供的充足的资金支持。

农村金融在农村经济活动中处于主导地位，新农村建设的任何关节如果缺乏资金的供应或资金周转缓慢，都会对其发展进程和实施效果产生或轻或重的影响。农村货币流通的稳定性影响着农村商品流通的稳定性，因为资金流通速率和流通中商品的总价值之间的合理调配，会极大地影响农产品的价格、农业人口的收入以及新农村建设的成效。

第二节　农村金融与农村资金运用

农村资金是在农村再生产过程中，通过不断的资金运动，保证和增加自身价值的资金。从广义上来看，中国农村资金既包括货币资金，又包括实物资金；从资金流向来看，既有资金的流入，又有资金的流出；从资金的供求主体来看，既包括农户、农村中小企业，又包括农村金融机构和政府机构。

农村资金根据不同的分类标准可分为不同的类型。根据在生产活动中存在形态的不同，可以分成货币资金、生产资金和商品资金；按照流转的周期不同，可分为固定资金和流动资金；根据来源的不同，可以分成自有资金、财政资金和信贷资金。本节对农村资金的来源情况进行详细阐述。

一、农村资金的来源与运用

(一) 农业资金的来源

农村中的每个生产经营单位,由于组织形式、经营方式、管理规模等各方面的差异,因此,获得资金的渠道是不同的。从总体上来说,可以概括为三个来源:自有资金、财政资金和信贷资金。

1. 自有资金

自有资金主要依靠各单位的内部聚集,包括国有企业、集体经济组织和企业、农户和所办企业的自有资金。改革开放以来,我国农村实行以家庭联产承包责任制为基础的双层经营体制,农户拥有的自有资金是资金的主要来源,且其所占比重较大。

2. 财政资金

财政资金包括财政预算对农村的拨款、各级地方政府及农业主管部门筹集用于农村的投资。该资金主要用于支援农村生产、农业开发,作为农林水气等部门的日常维护费用,支援不发达地区的农林水气基础设施建设、农林水气科技的研发,等等。

3. 信贷资金

信贷资金是农村资金的重要来源。为农村提供信贷资金的金融机构主要有农村信用社、中国农业发展银行、中国邮政储蓄银行、中国农业银行、村镇银行、中国人民银行、贷款公司等。农村信用社近年来一直都是提供农村信贷资金的重要机构;中国农业银行将支持农业产业化经营作为支农工作的关键点,承担了扶贫贷款、以电网改造为重点的农村基础设施建设贷款和农村城镇化贷款业务;中国人民银行通过再贷款等措施不断加大对农村金融机构的投入。此外,中央和地方财政通过停息挂账、财政补贴、减免税收等措施,间接增加了农村信贷资金。由于我国的特殊国情,现有的正规金融体系仍难以满足农户的贷款要求,因此,以民间借贷方式筹集资金在农业生产中也占有相当大的比重。

(二) 农村资金的运用

农村资金的运用,是农村生产经营单位的资金存在形式。由各种资金来源渠道形成的资金，进入生产过程后按照其周转的特点，可分为固定资金和流动资金两种形式。

1. 固定资金

固定资金是指垫支在劳动手段上的资金，它的实物形态是固定资产，如厂房、机器设备等，它在参加很多次生产过程后才完成一次周转。

农村固定资金的特点有两个：一是价值相对较小。农业的机械化程度比较低，人力畜力所占的比重较大，固定资产少，价值不高；农村工业中的有机构成一般也低于城市，多为劳动密集型行业，这是农村就地发展工业的优势之一。二是牲畜既可作为固定资产，也可作为流动资产。牲畜既可以在生产过程中执行劳动手段职能，如养牛耕地，也可执行劳动对象的职能，如养牛卖肉。

2. 流动资金

流动资金是指垫支在劳动对象、工资、流通费用等方面的资金。流动资金的实物形态是流动资产，如原材料、燃料、库存商品等。流动资金每参加一次生产过程，就完成一次周转。在农村家庭式经营中，流动资金既可用于生产垫支，也可用于农户内部的生活消费，不易划清，必须加以正确引导。

（三）农村资金运动的特点

研究农村资金运动，也是研究农村资金的周转循环，这是研究农村信用关系的出发点。改革开放之前，我国农村经济处于相对不发达状态，农村的非农业生产并不发达，农业是农村经济的主体。在这个阶段，农村资金运行的特点与农村在生产过程中的特点相对应，具有季节性、缓慢性的特点。

第一，季节性。农业生产主要涉及对动植物的培育，因此，受季节和天气的影响较大。如谷物往往存在对应的种植与收获季节，所以在收获季节之前，资金较为紧张，具有较大的贷款需求量；而农作物收获之后，会回流大量资金，以此归还贷款，这使得农村资金呈现出季节性的运动特征。

第二，缓慢性。动植物生长的过程中除却人类劳动时间，还有其自然生长时间，且这段时间不受人力的控制。所以跟工商业相比，农业资金运动的周期会更长，积累速度更缓慢，贷款期限也就更长。

20世纪80年代以来，随着我国农业经济水平的提高，农村产业结构出现了明显变化，许多农村地区开始重视发展非农产业，农业比重逐年降低，相应地，农村资金运动也呈现出新的变化，具有了一些新的特点。

第一，资金来源渠道广，运用方式具有多元化特征。站在产业结构角度看，过去的农业资金是从农业而来，专门用于农业，如今却变成从各个行业而来，并运用于某种行业中；站在经营方式角度看，过去的农业资金来源和运用主要是在集体经济上，如今则是以农户家庭经营为主。对此，必须对农村资金进行统筹安排、合理分配。

第二，农村经济越来越依赖资金。随着农村商品经济的发展，农村的发展规模和速度都取决于资金投入的多少，由此可见，农村经济越来越需要资金的支持，越来越依赖资金的帮助。因此，要加强对农村资金融通的重视。

第三，资金运动的空间范围扩大。农村在改革开放之前主要依赖农业，农业又主要依赖种植业，因此，农村的资金运动具有一定的局限性。随着改革开放的不断深入，商品生产与流通可以在更大的规模与更广阔的范围内进行，农村资金具有了开阔的运动空间，其流动性也显著增强。在更大范围内对农村资金进行配置，虽然会提升资金管理的风险与难度，但是能够提高资金配置的效率。

第四，资金运动盈利性增强，风险性增加。在计划经济时期，农业生产只存在自然风险；到了改革开放之后，农业生产经营还面临着市场风险。但农户还不太适应市场经济，大部分农民没有足够高的经营水平，同时，交通基础设施不完善，社会经济秩序有待改善，种种原因使得农村资金运动面临着比以往更高的风险。

第五，资金运动的季节性减弱。由于非农产业在农村的发展，使得农村资金运动的季节性特征大大减弱，这一点在经济较为发达的农村地区尤为显著。随着农业内部产品结构和生产结构的合理化，农村资金供求的矛盾得到了一定的缓解。然而，农业生产和农村消费仍然存在无法完全消除的季节性特点，所以仍要重视农村资金运动季节性的问题。

(四)农村资金的流转情况

农村资金主要流向为农户、农村中的小企业和城市工商业。

农村资金主要来源于农村的居民、经济组织以及中小企业闲置的货币资金,除此之外,还有学校、医院等各种事业单位得到的临时闲置的由财政集中拨付、分期使用的资金以及中央银行对农村金融机构的再贷款。

从我国的现实情况看,具有真正意义上的直接融资的发展时间并不是很长;站在直接融资的视角看,农村资金的主要流向为农户与农村的中小企业。这部分资金成为农户的生产、生活资金和企业的生产资金。

在我国农村,融资的主要方式仍然是间接融资,而间接融资中的资金流向是复杂多样的,中国农业银行、中国工商银行等一些国有商业银行,邮政储蓄银行在相关区域内的机构网点、农村信用社以及村镇银行是吸收农村正规资金的主要金融机构。现如今,国有商业银行已经降低了向农村贷款的发放数额,主要资金挪到了城市地区,且农业银行投放到农村的资金也逐渐减少。而邮政储蓄机构具有特殊性质,是吸收存款并将资金转给人民银行,并不负责发放贷款。从各种农村民间金融部门处吸收到的资金,其去向往往是提供给农村的私营经济部门或者农民个人,所以属于资金在农村内部的循环。从我国的经济体制看,由于政策导向的作用,以及工业化发展初期的客观需要,资金会由农村流向城市,同时农业支持工业发展。而农村资金过分外流,则在很大程度上影响了农村经济的发展。

二、农村信贷资金的供求

(一)农村信贷资金的需求

农村信贷资金的需求涉及农村公共事业、农村企业以及农户的信贷资金需求。在农村金融市场上,最为活跃也最基本的需求便是农村企业与农户这两类主体的信贷资金需求,这种需求极具中国农村金融特色。随着公共事业经营管理机制改革,财政投入到农村基础设施与社会事业设施方面的比例越来越小,农村公共事业基础设施需要的资金要依靠金融市场解决，这方面的融资需求日益迫切，对新农村建设的意义重大。

20世纪80年代，农户变成农村中最为基本的生产单元，并长期维持这种状态。随着农村市场经济的发展，农户的经济行为变得格外活跃，具有巨大的已有或潜在资金需求量。我国农户有着双重身份，不仅是独立的生产实体，还是基本的消费单元，所以农户通常会在生产和生活需求上对信贷资金有所需求。

农村企业大部分是中小型企业，为农村增加就业和经济增长做出的贡献显著。但我国农村的工业化仍处在初级发展阶段，农村企业多为正在成长过程中的小微企业，且大部分都是私营与个体经营，主要从事农产品生产、流通和加工以及跟农民生活息息相关的各种建材业。目前，农村企业基本上都存在资金短缺情况，而且农村企业往往是建立在当地的资源之上，由乡村投资发展而成的，其产品是处于完全竞争状态的资源产品，而市场供需状况无法进行确认，信息不对称，所以农村企业面临着较大的经营风险。这使得农村金融机构在放贷时过于谨慎，导致农村企业难以轻易进行银行贷款，资金短缺问题一直较为突出。

农村的公共事业主要在两个方面体现出对资金的需求，分别为农村的医疗卫生建设与农村的文化教育。医疗卫生、社会救助、农村文化教育、社会保障等公共服务设施和服务体系的建设，都需要大量、充足的资金。而在农村基础设施建设中，农业现代化基础设施和城镇化建设对金融的需求已经越来越明显。各种各样的需求主体对信贷需求的特征和满足信贷需求来源以及信贷需求的手段与要求是不同的。具体来说，中国农村信贷需求结构主要体现为：

（1）作为信贷需求主体的农户，包括低收入农户、温饱型农户和市场型农户。低收入农户的信贷需求特征表现为生产开支，信贷供给来源主要为民间小额信贷、小额商业信贷、政策性扶贫贷款等；温饱型农户的信贷需求特征表现为种养生产，信贷供给来源主要为民间信贷、小额商业贷款、信用贷款等；市场型农户的信贷需求特征表现为专业化规模生产，信贷供给来源主要为自有资金或商业信贷。

（2）作为信贷需求主体的农村企业，包括资源型小企业、具有一定规模的企业和龙头企业。资源型小企业的信贷需求特征表现为启动市场、扩大规模，信贷供给来源主要为自有资金、民间信贷、商业信贷和政策金融资金等；具有一定规模的企业的信贷需求特征表现为生产贷款，信贷供给来源主要为自有资金和商业信贷；发育初期的龙头企业的信贷需求特征表现为扩大规模，信贷供给来源主要为商业信贷、风险投资、政策金融资金。成熟期的龙头企业的信贷需求特征表现为规模化生产，信贷供给来源主要为商业信贷。

（3）农村基层政府的信贷需求特征为基础设施建设、公共产品提供，信贷供给来源主要为财政预算和政策金融资金。

（二）农村信贷资金的供应

经济的发展离不开金融的保障，金融是经济发展的助推力。农村金融资源的供给一定要满足农村经济发展的需求，我国农村信贷资金主要有两个供给主体，分别为正规与非正规的金融机构。农村正规金融机构，又可以细分为政策性金融机构、农村合作金融机构、商业性金融机构、新型农村金融机构。除此之外的其他金融活动和形式，便是非正规金融，如民间金融活动、非正式金融组织的金融活动等。

1. 农村正规金融机构信贷资金的供应

20世纪90年代国有商业银行股份制改革之后，大量的国有商业银行县级机构被撤销，而股份制商业银行则基本上没有在县一级设立相关机构，当下，只有中国农业银行、农村商业银行和中国邮政储蓄银行是我国主要的几个农村商业性金融机构。其中，中国农业银行是业务辐射范围最广、网点最多的国有商业银行，网点遍布城市和乡村，该银行也是我国大型银行之一。邮政储蓄银行在恢复开办之后，经过二十多年的发展，形成了一个交易额最大、覆盖城乡网点面最广的个人金融服务网络，是与城乡居民个人结算沟通的主渠道，其作用不容忽视。农村商业银行、农业银行等大型金融机构相比，规模较小，但更贴近农村。

我国目前主要的农村合作金融机构是农村信用社。农村信用社是目前农村金融市场中最大的供给主体，基本覆盖了全国的各个村镇，其主要职责是为农民、农业和农村经济发展提供金融服务，主要业务为提供储蓄、抵押类贷款、小额信用贷款等。

小额贷款公司是主要以经营小额贷款为主，不吸收公众存款的有限责任公司或股份有限公司。村镇银行主要负责提供金融服务给农民、农业和农村经济发展。农村资金互助社是经银行业监督管理机构批准，由乡（镇）、行政村农民和农村小企业自愿入股组成的，为社员提供贷款、存款、结算等服务。

2.农村非正规金融机构信贷资金的供应

农村非正规金融供给的产生历史十分悠久，随着农村经济社会的不断发展，其存在的形式也不断演进，既有助于满足融资困境中的农户对资金的需求，还可进一步推动正规金融机构改革的深化。

非正规金融组织形式源远流长。各种互助会、集资、基金会、储贷协会、典当行等，都是民间金融组织的变体。互助会具有储蓄和互助保险的性质，主要融资功能是日常消费资金的融通余缺，在我国农村比较普遍。基金会和储贷协会在我国农村也较为普遍，它们的经营方式比较灵活，办理业务的手续方便、简单、快捷，经营成本也比较低，曾一度是农村经济发展的主要融资渠道之一。典当行作为古老的民间金融形式，具有短期抵押贷款的性质，它的主要功能是进行短期资金的融通。

第三节　农村政策性金融机构

构成我国农村正规金融体系的主要有三个部分，其一是中国农业银行，为商业性金融机构；其二是中国农业发展银行，为政策性金融机构；其三为中国农村信用合作社，为合作金融机构。除此之外，农村正规金融体系还有一个非常重要的组成部分，那就是农村邮政储蓄。

一、农业政策性金融机构的定位

为响应国家政策，中国农业发展银行成立。它实现了我国农业政策性资金和商业性资金的分离。农业政策性金融业务和商业性金融业务的分离及我国国有专业银行向国有商业银行的转变，标志着我国专门的农业政策性金融机构的诞生。

中国农业发展银行是唯一的国有农业政策性银行，有其明确的任务、经营目标、独特的职能与作用。根据《中国农业发展银行章程》，中国农业发展银行必须根据国家的法律法规和政策方针，以国家信用为基础，对农业政策性信贷资金进行筹集，并负责承担国家所规定的农业政策性金融业务，代理财政性支农资金的拨付，服务于农业与农村的发展。

农业发展银行主要业务范围包括：办理经过国务院确认、得到中国人民银行的资金安排的财政部的贴息的猪肉、粮食、食糖、棉花、油料等农副产品的国家专项储备贷款；办理经过国家确定的小型的农、林、牧、水利建设和技术改造方面的贷款；办理肉、粮、油、棉等农副产品收购贷款，办理棉麻系统中的棉花初加工企业的贷款；办理国务院确定的扶贫贴息贷款、农业综合开发贷款以及其他财政贴息的农业方面的贷款；办理开户企事业单位的结算；办理中央和省级政府的财政支农资金的代理拨付，为各级政府设立的粮食风险基金开立专户并代理拨付；发行金融债券；境外筹资；办理业务范围内开户企事业单位的存款；办理经国务院和中国人民银行批准的其他业务。

中国农业发展银行以办好农村政策性银行、成为农村经济发展强大推动力为主要目标。所以农业发展银行和一般商业性金融机构有所不同，其在机构定位上存在三个主要职能：其一为扶持性职能。该职能也是区分农业发展银行和一般商业银行最显著的职能。农业作为弱质产业，提供的产品却关系着广大人民群众的生活，关系着自然生态环境，因此，国家必须加以保护和扶持。其二为倡导性职能，也被称为诱导性职能，即农业政策性金融以间接或直接的方式进行资金投放，吸引民间的资金（如个人资金或金融机构资金），从事与国家农业政策方向相符的贷款与投资，推动资金向农业领域流动。其三为调控性职能。农业跟其他产业相比，很难在市场竞争中占据优势，因此，无法对投资产生吸引力。所以需要政府进行干预，加强调控，保证农业能够和其他产业均衡发展。中国农业发展银行自组建以来，认真贯彻落实党中央、国务院制定的路线方针政策，将收购资金封闭管理作为关键点，建立起农业政策性银行的制度体系与组织体系，完善了自身的经营机制和管理体制，严格按照国务院的要求和指示，对收购资金进行封闭管理，起到了国家农业政策银行应有的作用，特别是在保障粮棉油收购资金供应、支持粮棉地区农业经济发展方面，其作用无可替代。

二、政策性银行改革的政策定位和经营原则

根据国际经验和理论的研究，在当代各国经济金融体制中，只有同

时存在政策性金融与商业性金融，金融体系才是协调与均衡的，才是稳定和有效的；否则，如果市场失灵，金融体系将会是扭曲的、非均衡的、不稳定的和低效的。所以，我们要一步一步建立起一个具有完备功能的政策性金融体系。

　　作为具有完备功能的政策性金融体系，其主要包括四个部分，分别为开发性金融、支持性政策金融、补偿性政策金融和福利性政策金融。开发性金融主要用于与农村社会经济可持续发展密切相关的新农村建设的基础设施建设，如农村环境保护和发展、农业科技进步、农业技术创新与推广等方面；支持性政策金融，就是通过政策性金融机构的业务活动，充分反映出政府期望促进发展经济体系中的特定组成部分的政策意图；补偿性政策金融，通过政策性金融机构的业务活动，来弥补某些弱势或幼稚产业的不足，并对特定弱势群体进行利益补偿。从目前来看，补偿性金融应当集中用于粮、棉等国家战略储备性金融支持。所谓福利性政策金融，是指为实现共同富裕奠定基础，为特定群体如低收入群体致富提供资金支持，为资金互助组织提供担保，以及为农村大学生提供教育投资贷款等。这四个方面的金融政策措施，比较全面地覆盖了农村经济社会发展的各阶段、各方面，对农业经济社会发展起到全面推动作用。在构建功能完备的政策性金融体系的同时，我国农村政策性银行应该总结与吸取十几年经营发展中的经验教训，进一步加强经营管理改革，遵循"政府信用、市场运作、国家目标"这一经营原则，防止"市场失灵"和"政府失灵"。为此，应从以下几个方面着手：

　　第一，完善法律，建设"政府信用"。治理市场失灵主要靠"政府信用"，而"政府信用"需要通过法律支持体系来构建。政策性银行在产权上大多属于国家。任何一家政策性银行都要体现政府的产业政策。为了约束政府的短期行为对农业发展银行经营活动的干扰，为了使农业发展银行在经营发展中受到法律的有力制约与监督，避免农业发展银行在经营范围和管理体制上的随意性管理；为了使农业发展银行在经营中得到法律的支持和保护，如相关财政税收政策支持和优惠，在执行中维护其严肃性，在贷款资产保全、维护合法权益等方面得到有效保障；同时，避免由于农业发展银行的职责和功能易变性而引发部分相关经济主体的机会主义行为，将政策性信贷资金视为国家财政资金，防止影响国家政策性银行功能的发挥、破坏社会信用体系行为，必须建立与政策性银行设立、发展、经营、管理等有关的法律体系和监管制度。国家对农业发展银行的监管应该明显区别于对商业银行的监管，监管的重心在于国家农业产业政策的贯彻落实、信贷资金的安全、最高利率水平的控制、政策性贷款规模的扩大等，以期建设政府信用。

第二，坚持市场运作，避免与商业性金融机构过度竞争。政策性银行也要按市场规律运作，因为防范"政府失灵"的有效措施便是坚持市场运作。市场运作是指"独立核算，自主、保本经营，企业化管理"。不实行独立核算，农业发展银行在经营中难免出现部门利益至上，出现道德风险；不实行自主、保本经营，企业化管理，就无法防范风险，最后失信于社会。政策性银行之所以不与商业性金融机构竞争，因为其毕竟在资金与政策方面存在优势，而且政策性金融具有弥补市场缺陷的职能。不过在实际情况中，市场不足和领域失败是一个动态的过程，一个领域从资金短缺到资金供给充足需要经过一个实践过程。除此之外，很多有政府税收优惠的金融业务在金融系统中对所有市场主体一视同仁，招标实施，这也会导致竞争问题的出现。所以，不排除商业性金融机构和政策性金融机构有一定程度的交叉。若由于交叉过度导致激烈竞争的情况，就需要政府采取控制手段。要想确定农业发展银行的定位，就必须明确政府和市场的边界，即属于准公共商品或者公共商品范畴的业务有哪些，然后对比民间和政府供应成本，最后再规划农业发展银行职能。

目前达成共识的观点主要是：按市场机制原则形成农业政策性银行可持续发展机制。在国家政策支持下，要解决好以下基本问题：一是尽快健全资本金的补充机制，建立一个可持续发展的、和农业政策性银行发展存在内部联系的、动态的补充机制。二是建立成本更低的资金来源机制。要从农业政策性银行的特点出发，根据政策性银行市场化运营模式转变的要求，将资金来源渠道进一步拓宽，形成更强的自主筹资能力，通过对负责结构的优化，减少资金的成本。三是按照政策定位拓宽业务范围。目前，农业发展银行在继续做好粮棉油收购贷款业务为主体，支持龙头企业、农副产品加工和转化的同时，在政策支持下，形成开展开发性和支持性金融等中长期贷款业务、发展中间业务为补充的两翼格局。四是完善农业政策性银行的金融监管制度。取消农业政策性银行上缴存款准备金的做法，或取消政策性业务部分存款准备金；制定适合农业政策性银行的信贷资产质量监管体系和办法，根据农业发展银行业务效益差、风险大、资产质量一般较差的特点，提高风险拨备税前计提比例；坚持保本微利的经营方针，防范农业发展银行商业化和财政化两个倾向。五是营造良好的外部环境。目前，我国农业发展银行的运营依据，是建行初期所制定的《中国农业发展银行章程》。随着经济的发展和农村金融体制的改革，其中一些规定开始显得滞后和偏离实际。所以，当务之急是制定顺应时代发展的农业政策性的金融法律，用法律的手段对农业发展银行进行监督。

此外，农业政策环境有待进一步优化。在发达国家存在着大量的农业补贴，但这并不是由它们的农业政策性金融机构来办理或者负责，而是由政府直接办理。这样，这些机构就不必办理这种几乎纯粹性的政策性业务，也就避免了产生完全亏损，因而有利于农业政策性金融机构的可持续发展。

当然，我国农村金融要做到为农村社会经济发展提供更好的服务，除了发挥包括政策性银行在内的农村正规金融机构的作用，还要逐步发挥非正规金融机构的积极性，使之成为正规金融机构的重要补充。

第五章 农产品市场的构建与完善

第一节 市场经济的基础认知

农产品生产者常常遇到一个令人困惑的问题,市场在哪里?如何发现市场?市场就是具有购买能力和需求欲望的消费者的集合。对某种商品来说,达到一定的收入水平,又愿意购买该商品的消费者,就形成该商品的市场。对农民来说,了解市场、分析市场、适应市场就显得十分关键。

一、社会主义市场经济运行机制

(一)市场经济的特征

市场经济是社会资源配置主要由市场机制进行调节的经济。市场经济具有如下特征:

1. 自主经济

市场经济的主体是企业,企业可以自主按法定程序建立,实行自主经营、自负盈亏和独立核算的制度。任何组织和个人不得非法干涉其经营行为。

市场经济的基础手段是市场,在进行资源分配的时候,需要通过市场机制来提高分配的效率,使资源配置得到优化,从而获取最大经济效益。在市场经济中进行农业经营,应符合市场机制的要求;否则,将受到市场的惩罚。

2. 开放经济

市场经济向所有的经营者和消费者开放，市场经济重视自由选择、平等竞争，没有地位、级别差异。市场经济要求在全国、全世界范围内建立统一的大市场，任何行业垄断和地区封锁都是对市场经济的破坏，最终会导致经济的落后。

3. 竞争经济

市场经济条件下，生产者之间、消费者之间均是激烈的相互竞争的关系。通过竞争，使生产资源得到有效的配置和利用；通过竞争，决定商品的价格。

4. 自发经济

市场机制对供求的调节和对生产资源的配置作用是自发进行的，即市场调节具有自发性。

5. 平等经济

市场经济是平等经济，以价值规律为基本交易准则，在市场面前人人平等，任何人都不能拥有任何特权。市场经济要求在市场规则基础上对经营者进行比较，各市场主体在机会均等和公平的条件下参与竞争。

6. 法治经济

市场经济是法治经济，依靠一系列法律制度规范市场行为。依法进行经营是保证农业经营顺利进行的关键。

7. 风险经济

风险性是市场的显著特征，市场经济是一种风险经济。市场经济以市场为基础对供求关系进行调节，由于各种不确定因素的影响，这种调节带有很大的风险性。市场风险通常表现为生产风险、销售风险、价格风险、信用风险等。风险意味着损失，也意味着收益。风险越大，相应的损失和收益也就越大。

8. 信息经济

市场经济是信息经济。市场运行靠一系列的信息进行传递和调节，谁拥有足量和及时有效的信息，谁就能掌握主动。市场运行中各种市场信息构成了市场经济发展的基础。经营者以市场为导向，应当掌握农用生产资料供应信息、产品需求信息、资金信息、价格信息等。

(二) 市场经济的运行机制

市场经济的运行机制是通过大量机制的组合而形成的，其中，价格机制是最基础的，它为其他各种机制发挥作用提供了保障。竞争机制、供求机制、利率机制等均需靠价格机制才能发挥作用。

1. 价格机制

价格机制是通过价格涨落调节商品和其他要素的供求关系，指导生产和消费的经济运行机制。商品价格围绕商品价值波动，当商品价格大于价值时，生产经营者就能获得额外的纯收入；反之，就要亏本。市场价格是以价值为基础，由供求关系调节形成的一种均衡价格。

2. 供求机制

供求机制是通过供求关系的调节，形成均衡价格，从而指导供求双方行为的运行机制。供给大于需求，商品供过于求，形成积压，价格就会下跌；供给小于需求，商品供不应求，形成短缺，价格就会上涨；供给等于需求，商品供求平衡，市场稳定，价格趋于平稳。

3. 竞争机制

竞争机制是通过合法竞争，在价格和其他方面形成优势，从而提高经济水平，达到优胜劣汰的运行机制。

市场竞争是一个综合经济、科技等实力的较量，若有一个方面因素失误，就会造成总体竞争的失败。市场竞争一般采取以新取胜、以优取胜、以廉取胜、以信取胜、以诚取胜的"五胜制"原理。市场竞争围绕同行业厂商之间、同类产品之间、互代产品之间、争夺消费者、科技和信息等几个方面展开。

4. 风险机制

风险机制是通过风险和预期收益之间的关系，形成风险和收益的相互关系，指导经营者经营行为的运行机制。包括风险的形成、风险的分散、风险的承担等内容。

(三) 完善社会主义市场经济运行机制

1. 建立健全统一、开放、竞争、有序的现代市场体系

建立健全现代市场体系是充分发挥市场机制作用的重要条件。现代

市场体系包括商品市场和生产要素市场。

国民经济中服务交易与物质商品的主要形式和基础场所是商品市场。以商品的最终用途为标准对商品市场进行分类，可分为生产资料市场与消费品市场。生产要素市场为生产要素提供了交易场所，但它不一定是一个有形且固定的场所。在生产要素市场中主要包含：①金融市场。其中既包括提供短期资金融通的货币市场，也包括提供长期运营资本的资本市场以及黄金与外汇市场。②产权市场，包括技术产权交易市场、股权转让市场以及企业产权交易市场。③劳动力市场，即以供求关系为基础进行劳动力流动的场所。④土地市场，即对土地使用权进行交易的市场，由于我国的土地实行公有制，因此不能在土地市场中进行土地所有权交易。⑤技术市场，该市场主要进行的是技术商品的交易。市场体系以商品为基础，倘若商品市场得不到发展，要素市场也就没有了发展的根据和基础。同时，商品市场的发展也受要素市场的发展水平与程度的制约，尤其是要素市场中的资本市场，作为现代市场体系的核心，在其他商品市场与要素市场的发展过程中起到了至关重要的作用。

现代市场体系的基础特征为统一、开放、竞争、有序。其中，统一的意思是全国应该具备一个统一的市场体系，以及按照统一的制度与计划组织、运作市场，将地区封锁、行业垄断的现象彻底打破。开放的意思是让市场对内、对外全面开放，这样有利于商品、要素进行自由流动。竞争的意思是让要素、商品在市场体系中流动，其竞争的环境必须要保证公平。有序的意思是为了保证资源的合理流动与竞争的公平，市场的秩序需要通过一定的规则来维持。

2. 规范市场秩序

适当的行为准则与规范有利于保证社会主义市场经济的正常运行。社会主义市场的秩序包含市场交易秩序、市场仲裁秩序、市场进入退出秩序和市场竞争秩序。社会主义市场秩序的基础要求就是公平竞争与同等价值交换。对市场秩序进行规范、整治，加大市场监管力度，在市场法治建设方面进行强化，这是让经济运行得到保障以及社会主义市场经济体制更加健全的需要。

加强信用建设，让社会信用体系得到建立健全，构建以产权为基础、以道德为支撑、以法律为保障的社会信用体系。这是构建现代市场经济体制的必由之路，也是规范市场秩序的根本出路。所谓信用，就是履行诺言，信守承诺，赢得他人的信任。信用属于经济范畴与道德标准，没有信誉会扭曲经济关系，甚至败坏社会风气。在提升全社会信用意识的进程中，无论是个人，还是企事业单位，都应该将诚实守信作为基本行为标准。推动个人、企业信用服务体系的建设，建立监督和失信惩戒制度，为市场经济的正常运行提供制度保障。

二、市场引导农业生产经营

在市场经济条件下，社会的供给与需求，均由市场来引导。在农业中，一方面，按照市场需求组织农业生产经营活动，通过市场交换实现商品的价值；另一方面，又依赖于市场的供给，取得生产资料和生活资料，保证农业再生产过程的顺利进行。

（一）市场引导农业再生产过程

农业的再生产过程包括生产、交换、分配和消费四个环节，每个环节都离不开市场。

第一，市场引导农业生产过程的产、供、销。农业生产过程的产、供、销，都与市场紧密相连，生产经营项目的确立要充分结合市场需求，做到通过消费来确定销售，通过销售确定生产，达到生产与销售之间的平衡；供应是用货币购买生产资料或劳务，使生产顺利进行；销售使生产的产品走向市场，实现其价值，获得价值补偿。

第二，市场引导社会再生产过程的生产、交换、分配和消费四个环节。其一，市场引导农产品的生产。生产经营者根据市场供求信息，确定生产经营项目，组织生产经营活动，生产什么，生产多少，完全由市场来决定。其二，市场引导农产品交换。生产者出售农产品，实现产品价值，使生产消耗得到补偿；中间商先购后卖，以获得进销差价；消费者购买农产品而获得使用价值，达到消费的目的。这一系列的交换活动，都是由市场来引导的。其三，市场引导农产品实体分配。实体分配包括商品的加工、运输、保管等环节。在市场机制作用下，农产品南调北运、秋收冬储、低价囤积、高价出售等活动，都是市场引导的结果。农业生产资料的分配，也在市场引导下自由流动。其四，市场引导消费。市场是沟通农业生产与消费的桥梁。农业的生产消费和农民的生活消费，都是通过市场购买来实现的。

第三，市场引导农业再生产。农业生产是不断重复的周而复始的再生产过程，一个过程结束，下一个过程开始，其生产、交换、分配、消费同样由市场引导。

（二）市场引导生产资源的流动

市场具有配置生产资源、调节资源供求的功能。在市场机制作用下，当市场上某种商品供不应求时，商品价格上涨，生产规模扩大，市场引导生产资源向这一方向流动，反之亦然。

第一，市场引导土地资源的流动。同一块土地，不同的用途，产生的效益是不同的。在比较利益作用下，土地拥有者往往选择比较利益大的生产经营项目，促使土地资源向高效益项目流动。

第二，市场引导农业劳动力的流动。农业劳动力在各生产部门、各生产项目之间的投放和流动，是由劳务市场引导的。在劳务市场上，劳动者自愿、平等地实现其劳动价值的互换。当前，我国农村存在劳动力过剩现象，在市场机制的作用下，农村劳动力向城市流动，落后地区的劳动力向发达地区流动，低收入地区的科技人员向高收入地区流动。

第三，市场引导资金的流动。资金有货币、实物资产、无形资产等形态。在市场机制的作用下，通过利率、成本、利润等经济杠杆的推动，资金向成本低、利润高的地区和生产项目流动，以实现资本的保值和增值。

第四，市场引导技术的流动。科学技术是一种重要的生产资源，高新技术能促进生产力的飞速发展。在市场机制作用下，资料、图纸、光盘等技术载体，向畅销高利的方向流动；高科技材料、先进设备等技术载体向价格和成本有利的方向流动；具备高新技术理论的科技工作人员，由低效益区往高效益区流动，以实现科技人员的高科技价值。

三、市场引导农村产业的发展

一个国家或地区的农村产业构成及其比例关系，除了受自然资源条件、政治条件的影响外，还受市场机制的引导作用。市场需求既是某一个产业或行业产生的前提，也是产业调整结构和农业生产布局的依据，市场需求促进农业生产区域化、专业化的发展。

第二节　农产品市场体系与市场信息

一、农产品市场体系

（一）农产品市场的特点

1.市场广阔，消费者数量多而分散，需要建立大量的销售网点

所有的消费者都是农产品的消费者，因为人类要生存，就必须消费食物，而食物来源于农产品，所以，从某种意义上来说，农产品市场的消费者是人类整体，这是农产品市场需求的显著特征。由于农产品的消费者居住分散，为了尽可能地扩大农产品的消费群体，农产品生产者需要相应建立大量的销售网点。

2.消费者购买多属小批量的，购买频率高

由于农产品保质期较短，不耐贮藏，消费者一次购买的数量较少，消费完后，会重复购买，因此，呈现购买频率高的消费特征。对生活必需的农产品，该特征尤为明显。

3.生活必需农产品需求弹性小，享受性农产品需求弹性大

生活必需农产品如大米、蔬菜、猪肉等，是人们每天几乎都要消费的农产品，这些生活必需的农产品需求不会随商品价格的较大幅度变化而发生大的改变。也就是说，价格下降，消费者不会增加购买量；价格上涨，消费者的购买量也不会大量减少。其余的享受性农产品如高档水果、花卉及由农产品加工的食品等，当价格下降时，消费者会增加购买数量；价格一旦上涨，消费者则大量减少购买数量。这表明消费者对这类农产品的购买量随价格的变化，会出现较大幅度的变化。

4.不需要售后技术服务

进入消费市场的农产品是最终产品，消费者购买后直接消费，是最终消费，不需要农产品生产者提供技术服务。

5. 注重消费安全

虽然绝大部分农产品价格不高，农产品消费支出在消费者总支出中的比重并不大，但是，由于农产品的消费将直接影响消费者的身体健康，因此，消费者在选购农产品时更注重消费的安全性。

（二）农产品市场的分类

从不同的角度，根据不同的需要，可以把农产品市场分为各种不同的类型，比较常见的分类有以下几种。

1. 按流通区域划分

（1）国内市场。国内市场是指一定时期国家内部农产品商品交换活动的总和或国内农产品交换场所。国内市场还可分为城市市场和农村市场。

（2）国际市场。国际市场是各个国家和地区的经济贸易往来和国际分工联系起来的农产品商品交换活动的总和或国外农产品交换场所。

2. 按流通环节划分

（1）采购市场。农产品生产是分散进行的，农副产品先集中在农村产地的采购市场，然后批发、调拨、供应集散市场。

（2）批发市场。批发市场指起着中转商品作用的、进行商品转卖的交易场所。目前，我国发展起来的贸易货栈已成为主要的批发市场。

（3）零售市场。零售市场指从批发商或生产者手里购进商品，直接满足人民需要的商品交易场所。

3. 按农产品的使用价值划分

（1）生活消费市场。指以满足居民个人及其家庭所需要的生活资料为对象的市场。

（2）生产消费市场。指以满足生产单位或个人进行再生产所需要的生产资料为对象的市场。

4. 按照交易场所的性质划分

农产品市场可分为产地市场、销地市场和集散与中转市场三类。

（1）产地市场。即兴起于各大农产品生产地的定期、非定期的农产品市场。产地市场的主要作用包括：第一，将分散生产的农户聚集起来，让其能更直接地了解市场信息并进行售卖；第二，让农产品的分拣、分级、加工、包装、储存、运输等每个过程都更加便利。产地市场具备以下几个主要特点：①贴近生产者。②专业性更强，主要负责某一种农产品的交易。③主要的交易方式是现货交易。④以批发售卖为主。规模较大的产地市场有：河北省永年县南大堡蔬菜批发市场、山东省寿光蔬菜批发市场等。

（2）销地市场。那些分布在小城镇、大中城市里的农产品市场，还能划分成零售市场和批发市场。前者在大、中、小城镇与城市广泛分布着；后者多集中于大中城市，由饭店与机关、企事业单位的食堂、农产品零售商等购买较多。将汇集、初次加工、储存运输之后的农产品卖给顾客是销售地市场的主要作用。

（3）集散与中转市场。集散与中转市场主要负责汇集从各大产地市场运输过来的农产品，再进行加工、包装和储藏，最后，由批发商在全国各地的批发市场进行销售。交通条件是此类市场选择位置时主要考虑的因素，公路与铁路交会处就是很合适的位置，但也有部分规模庞大的市场选择了交通并不便利，但存在着较大的停车场、仓储设施、交易场所等设施的位置。

5.按照农产品交易形式划分

按照农产品交易形式，农产品市场可被进一步划分为两种，分别是期货交易市场、现货交易市场。

（1）交易活动或现货交易的场所的全部内容就是现货交易市场。现货交易作为一种常见的交易形式，它指的是以买方和卖方在一定时间内的谈判（讨价还价）而形成的书面或口头买卖协议中约定的支付方式及附属条件，进行的货款结算、实物商品交付。现货交易又分为即期交易和远期交易。前者指买卖双方立即进行的一手交钱、一手交货的交易，我国目前进行的小额农产品市场交易多属于此类交易形式；而后者是指根据买卖双方事先签订的书面形式的农产品买卖合同所规定的条款，在约定的时期内进行实物商品交付和货款结算的交易形式。我国目前出售大宗农产品多采用远期现货交易形式。

（2）期货交易市场就是进行期货交易的场所，如郑州粮食期货交易所。农产品期货交易的对象是农产品的标准化合同，而并非农产品实体。

6. 按照商品性质划分

农产品市场按照商品自身所具备的不同性质，可以进一步分为肉禽市场、果品市场、水产市场、蔬菜市场、粮食市场等。

（三）建立健全农产品市场体系

加强农产品市场体系建设，在引导农村消费，确保农产品的有效供给，增加农民收入，保障农业、农村经济持续稳定增长，促进农村经济结构的战略性调整，扩大内需等方面都起到了重大作用。因此，应将以下工作做到最好。

1. 对农产品市场体系建设进行科学规划与布局

要对农产品市场体系建设战略、实施纲领进行科学合理的制定，加强在农产品市场体系建设过程的宏观指导。务求实效、循序渐进、分类指导、因地制宜的原则是各级地方政府所必须要坚守的，在农产品市场体系建设中要实行统一的规划，有效地避免建设出现重复和盲目情况。不仅如此，在进行新建市场的规划过程中，要立足多功能、多层次以及多类型的发展定位，让现有的市场功能更完善、更规范，得到更好的发展，使其辐射能力得到增强，将农产品市场规划的合理性和科学性落实到位。

2. 完善市场的基础设施建设，推进农产品市场的现代化管理

农产品市场体系的建设与保持发展的重要保障便是市场基础设施建设。所以，在加快农产品批发市场与传统集贸市场的升级、整合与改造的同时，要加强集散地农产品批发市场、集贸市场与重点产区等流通基础设施的建设，以交易条件的改良促进交易效率的提升。关键是要加强市场的水电路配套、贮藏保鲜、交易棚厅、农产品加工及场地的硬化等设施的建设。还要同步完善市场的服务功能，提高网络化与农产品市场体系融合的程度。增强对通讯系统、电脑结算系统、配送系统、仓储设施、信息网络以及农产品质量安全检测系统等农产品市场配套设施的建设。

3. 加快市场的信息化建设

让各级信息服务的体系得到逐步完善，使农民进行购销对接与获取市场信息时，享受更好的服务，产销之间达到有效衔接，让农民所面临的农产品难卖的问题得到解决。

4. 加强农产品流通网络建设

一是继续实施"双百市场工程",推动县乡农贸市场与大型鲜活农产品批发市场的完善升级;二是打造"农超对接"的龙头企业,鼓励农产品流通龙头企业、大型连锁超市和农村专门的合作组织进行合作、对接;三是推动"农超对接"基地品牌化的打造和经营,对农产品基地的农民进行强化培训并增强其进入市场的能力,不断提升基地农产品的市场竞争力与品牌知名度。

5. 健全市场法律体系和监督机制,规范市场秩序

让市场秩序得到规范的基本条件就是高效的监督机制与完善的法律体系,这两点也是市场体系更好地建设与健康发展的必要保障。为此,要坚持公平竞争的基本原则,致力于维护合法经营、规范市场秩序,对经营者、生产者与消费者的合法权益进行保护,严厉打击制假售假、商业欺诈等违法行为,坚决取缔各种违章违规的经营,让各项交易服务设施更加完善,尽快让中介组织定位不准、市场载体功能不足等问题得到更好地解决。在国家的层面上,需要有相应法律法规的出台,集中清查农产品市场体系建设的相关问题及不足,打破那些农村商品市场体系建设中的各种政策性限制,不断完善与补充相关法律法规、实施细则,并保证法律、法规的可执行性、操作性。

6. 培育壮大市场主体

让农产品的经纪人队伍得到不断壮大、发展,在对农产品经纪人进行质量安全知识与法规、农业科技、农产品流通政策、运销贮藏加工技术等方面的内容培训的同时,向其提供市场信息相关服务,让他们的素质与市场开拓能力得到提高。支持在农产品加工、运销大户与流通企业的带领下创办营销合作组织,大力推动、协助农民营销合作组织的发展,使农民参与农产品流通的组织化程度不断提高,增强其市场竞争力。

7. 清理整顿农产品市场的各种收费

大力整治农产品市场收费问题,降低过高的收费标准,取缔各种不合理收费,合并重复收费项目,已停收的各种税费一律不得恢复。推广统一收费经验,实行一费制,解决多头或重复收费问题。

二、农产品市场信息

（一）农产品市场信息的内容

农产品生产者需要的信息是多方面的。总的来说，主要分为以下几类。

1. 市场信息

市场信息是农产品生产者决策前需要掌握的主要信息。目前，除少数大宗农产品外，我国绝大部分农产品已经放开经营，大部分农产品生产者都面临着激烈的市场竞争。同时，农产品生产者面临国内、国际两个市场的竞争，国外的许多农产品进入国内市场，这使我国农产品生产者的竞争更加激烈。了解农产品市场供求状况，为农产品生产者决策提供指导，有利于农产品生产者在市场竞争中处于主动地位。

主要的市场信息内容包括：

（1）市场供给信息。主要包括上年度产品生产总量、产品进出口情况、本年度产品供给情况预测、相关产品供给情况等。

（2）消费者需求信息。主要包括上年度市场消费总量、本年度市场需求量预测、消费者收入水平变化情况、消费者需求偏好变化情况等。

（3）市场价格行情。主要包括上期市场价格水平和波动情况、当期价格水平、未来价格走势预测等。

（4）相关政策信息。主要包括政府农业产业政策、政府宏观调控政策等。把握国家宏观调控政策信息，对相关生产者来说，就意味着孕育着市场机会。

（5）产品动态信息。主要包括市场畅销品种信息、新品种信息、产品质量标准信息等。农产品生产者先于竞争者获得新品种的信息，在竞争中就掌握了优势；了解各种优质农产品相关质量指标信息，可以指导农产品生产的标准化，使农产品符合市场需求。目前，我国已经对八类粮食品种制定了新的质量标准指标体系，这对相关粮食生产者来说，是应该了解的重要信息。

2. 实用技术信息

与工业产品不同，农产品在生产过程中，容易受到外界环境的影响而造成损失，如旱灾、涝灾、冰雹、病虫害、瘟疫等。因此，农产品生产者需要先进适用的抗旱、抗涝、抗雹、抗虫、抗病等抵抗自然灾害的技术。在农产品收获后，生产者需要农产品包装技术信息、优质农产品质量标准信息、农产品保鲜技术信息等实用技术信息。这些信息对农产品生产者解决经营过程中的实际困难，具有较大的现实指导作用。

3. 农业科研动态信息

在竞争越来激烈的市场环境下，了解科研发展的最新进展，对农产品生产者的决策具有重要意义。由于农产品的生产特性，生产周期长，生产过程中不能改变决策，因此，农产品生产者在生产之前，要谨慎决策。掌握农业科研的一些动态信息，能够提高决策的准确性。

（二）农产品市场信息收集的方法

在掌握市场信息内容的基础上，下一步要做的就是信息的收集工作。农产品生产者如何获得所需的信息呢？具体来说，生产者可根据信息的种类不同采取不同的收集方法。

1. 收集二手信息的方法

在市场营销实践中，已经被编排、加工处理出来的数据、资料信息称为二手信息。获得二手信息不但速度较快，而且成本较低。农产品生产者收集二手信息的主要途径有：

第一，订阅报纸、杂志。农产品生产者可以到邮局订阅《市场报》《农民日报》等，从中获得产品和市场信息。

第二，收听广播，收看电视节目。农产品生产者可以从广播、电视中了解国家政策方针、产业发展情况、产品供求信息等。

第三，购买统计出版物及相关书籍。政府的统计年鉴、农业技术普及读物，也是农民掌握市场信息和生产技术的有效途径。

第四，上网。科学技术不断为人们提供越来越便捷的获取信息的途径，网络就是其中之一。对农产品生产者来说，市场信息显得更加重要，谁先掌握信息，谁就将在竞争中占据优势。因此，具备一定条件的农产品生产者，可以通过网络获取信息，使自己及时把握市场动态。随着网络的发展，我国在农产品网络建设方面获得了较大的发展，与农产品相关的政府网站和商业网站都比较多。农产品生产者可以通过网络获得产品供求、价格、技术、政策、销售、市场动态等各种信息。

2. 收集原始信息的方法

农产品生产者获得的二手信息，多数只能对农产品生产者起宏观指导作用，在涉及具体的某方面经营决策时，生产者还需要收集原始信息。原始信息是指为具体的目标专门收集的信息，如新产品的市场分析、消费者态度调查等。原始信息主要通过市场调查收集，农产品生产者可以根据具体的项目制订市场调查计划。

（三）农产品市场调查计划的内容

农产品市场调查计划的内容主要包括以下几点：

1. 调查的方法

农产品原始信息的收集主要采用问询式调查的方式，也就是直接询问被调查者与调查内容相关的问题。如新产品的命名、口感测试调查、消费者消费偏好调查、广告宣传的效果调查等都可以采用直接询问消费者的方式。

2. 与调查对象的接触方式

农产品生产者在问询式调查中，可通过电话、信件、当面询问等几种方式与调查对象接触。这几种接触方式各有优缺点：电话调查的方式灵活、便利，但是受通话时间的限制，双方只能进行简短的交流，成本也较高；信件调查的方式，通信成本低廉，但是回收率不高，而且所需时间较长；当面询问调查的方式，调查者能根据调查对象的反应灵活处理，深入话题，但是需要大量的高素质的调查人员，成本也较高。农产品生产者可根据具体的调查项目选择接触方式。

3. 调查对象的选择方式

在问询式调查中，农产品生产者还面临一个问题，即如何选择调查的对象。一般来说，选择一部分有代表性的调查对象即可获取准确性较高的调查结果。调查人员既可以采取随机方式选择调查对象，也可以依据年龄、性别、收入水平等标准进行分组，从每组中抽取一定数量的人进行调查。

4. 调查表的设计

为了使调查者在调查过程中能围绕调查项目与调查对象交流，在实施调查工作前，调查人员可以设计一份调查表，将所要调查的内容详细列出。设计调查表时,要注意问题形式的设计,可设计有答案选择的问题,也可以设计自由回答的问题;要注意问题的表达语气和顺序,使用简单、直接、无偏见的语气;第一个问题应尽可能地引起调查对象的兴趣。

三、农产品市场信息的作用

(一)进行信息加工

在原有信息的基础上,进行价值更高以方便用户利用的二次信息的生产过程就是信息的加工。该过程也是一个把信息进行增值的过程。为了能够产生全新的并用以指导决策的有效知识或信息,就必须让信息得到适当的处理。

(1)信息的筛选和判别。原始信息的数量非常庞大,其中出现假信息、伪信息的情况是无法避免的,所以为了避免真假混杂、鱼目混珠,只能进行反复、认真地辨别与筛选。

(2)信息的分类和排序。刚收集的信息是孤立的、原始的以及零乱的,所以需要将其进行排序、分类,以便于使用、存储、检索与传递。

(3)信息的分析和研究。为了让信息更具使用价值甚至产生新的信息,需要对分类排序后的信息再进一步地分析、比较、研究、计算。

(二)进行预测

预测是对事物将来的发展趋势作出的估计和推测。

(1)生产预测。生产预测是对将来农业生产项目、生产规模、产品结构等发展趋势的推测。农产品生产者可根据市场调查的信息,发现市场的规律,作出正确的推测。农产品生产者可以根据这些预测制订长远的发展计划,并随着生产的发展,不断调整生产项目,改善产品结构,扩大生产规模,提高经济效益。

(2)销售预测。销售预测是对农产品的价格、需求量、供应量以及需求时间进行的预测。这类预测与农产品生产者的生产经营关系最为紧密,开展的次数也最多。供应量预测是对农产品供应数量、供应时间的预测。把握准供应量预测，可以避开供应高峰，提前或延后上市，从而合理安排生产面积、选择生产品种进行生产，在竞争中取得优势。销售价格预测是对农产品在不同供应时间的价格预测。销售价格预测可以决定是否种植、种植多少，以及在什么时间上市。对农产品需求时间预测是因为农产品需要通过一定的时间来完成生产，在对需求进行预测的时候要具备超前性，这样就能对生产时间进行准确安排，让产品能够如期上市。

（3）经营成果预测。经营成果预测是对一定时期内的总收入、总成本、利润等内容的预测。只有完成了对销售量、销售价格以及生产量预测的基础上，才能对经营成果进行预测。农产品生产者在进行生产经营之前，就考虑到经营成果，因为它是推动生产经营发展的不竭动力。

（三）进行经营决策

经营决策是农民对经营达到的目标和实现目标的措施进行的选择和决定。

（1）生产决策。生产决策是对一定时期内农业企业或农民家庭的经营目标、生产目标、生产项目、生产规模等问题进行的决定。生产决策是经营决策的核心部分，是决定其他决策方向的关键，是进行农业经济管理的中心环节。农产品生产者应充分考虑所具备的资金、劳动力、技术、设施等条件，根据市场行情的变化趋势确定生产目标和具体的生产项目。进行生产决策时应制定具体的量化目标，一般包括生产面积、产量目标、收入目标、利润目标等。

（2）技术决策。技术决策是经营者为达到经营目标，结合农业生产实际，对采用何种生产技术措施、何种技术装备等问题的决定。农产品生产者想要完成计划的生产经营目标，就必须采取对应的技术措施。在选择技术措施时，适用技术是非常重要的因素。

适用技术是指在特定条件下能够达到预期目的、综合效益较好的技术。适用技术不一定是先进的技术。适用技术应具备两个基本条件：一是该技术要和当地自然、经济条件相适应，特别是与当地农民经济条件相适应；二是必须有良好的效益，包括经济效益、生态效益和社会效益，既能获得良好的经济效益，又不会破坏生态环境。

（3）物资采购决策。物资采购决策是经营者根据以上决策对物资采购进行全面的安排，以便按时、按量采购生产所需的生产资料，保证生产的顺利进行。进行物资采购决策时，注意采购生产资料要以满足生产项目和技术水平要求为标准，不能贪图便宜，随意购买劣质生产资料。否则，虽然一时占些便宜，但轻者会降低产品产量和产品质量，重者会造成严重的损失。劣质种子、假化肥、假农药等危害严重，甚至导致绝产绝收。进行物资采购决策时，应办理严格的采购手续，签订采购合同，索取对方出售物资的发票。

（4）销售决策。销售决策是对出售农产品时所采取的销售渠道、销售方式、销售价格等问题进行的决定。农产品的销售渠道和销售方式多种多样，农产品生产者应根据产品类型、产品产量、市场供求状况、出售价格等因素，确定合理的销售范围；选择合适的销售渠道和销售方式，使产品尽快以合理的价格销售出去，收回资金，降低经营风险。

第三节 农产品价格与定价

一、农产品价格及价格体系

（一）农产品价格的作用

合理的农产品价格，对农业扩大再生产具有重要作用。农产品价格的作用具体表现在：

第一，农业生产的发展受其价格水平的直接影响。倘若农产品的销售价格无法填补农业生产过程中所支出的各项花费，处于商品生产的情况中，便没人愿意从事农业事业，而农业生产也就无法维持下去了；如果农产品的收入仅够成本，无法为农业生产带来利润，农业也更不可能完成进一步的扩大。因此，在商品生产中，农业的发展也无法得到保障。

第二，农产品在农业的合理布局与地区间的顺利流通与农产品价格有着直接关系。农产品在销售过程中的价格必须与产地、销地的价格存在差别，否则就无法填补农产品流通的费用，更不会有人愿意负责农产品的运销工作。如此一来，会导致农业在不同地区之间无法进行合理分工。

第三，农业内部各种生产项目能否根据社会所要求的比例发展受农产品价格的直接影响。倘若出现社会所富余的农产品价格过高，而短缺的农产品价格太低，就会造成农业生产的比例关系严重失调。

第四，农产品的价格会影响工业生产的成本与价格。一旦农产品的价格上升，就连带着那些用农产品作原材料的工业生产的成本一起提升，最终导致工业品价格的提高。

第五，农产品价格水平的高低，会影响消费者的利益与农民的收入水平。这是因为农产品的价格一旦上涨，消费者在购买农产品时就需要更多的支出；而农产品的价格降低，农民的收入就会同步下降。

简言之，农产品的价格会影响到各个方面，如农业生产、工业生产、农民的收入以及消费者的利益，它是一个至关重要的政治、经济问题。同时，我们不难发现，价格与其他方面存在着矛盾，并且这个问题不是短时间内能够解决的。

（二）农产品价格的构成

1. 物资费用

它是指在直接生产过程中消耗的各种农业生产资料和发生的各项支出的费用，包括直接生产费用和间接生产费用两部分。直接生产费用是在直接生产过程中发生的、可以直接计入各种作物中的费用，包括种子秧苗费、农家肥费、化肥费、农膜费、农药费、畜力费、机械作业费、排灌费、燃料动力费、棚架材料费及其他直接费用。间接生产费用是指与各种作物直接生产过程有关，但需要分摊才能计入作物成本的费用，包括固定资产折旧费、小农具购置及修理费、其他间接费用等。

2. 人工费用

它是指在农业生产过程中的人工投入费用，分直接生产用工费用与间接生产用工费用两部分。直接生产用工费用是指各种作物直接使用的劳动用工费用。间接用工费用是指多种作物的共同劳动用工费用，这部分费用应按各种作物播种面积进行分摊。

3. 期间费用

期间费用是指与生产经营过程没有直接关系或关系不密切的费用，包括土地承包费、管理费用、销售费用和财务费用。

4. 利润

农产品销售价格减去物资费用、人工费用、期间费用后的剩余部分。

（三）农产品价格体系

流通领域是农产品从生产领域进入消费领域的过程中所必须经历的。在流通领域中也需要经过许多流通企业以及批发、零售、收购等几个环节。每道环节中都包含着一次交换行为与买卖关系，因此每次的价格也不相同。在不同的环节有着不同的价格，如收购的环节存在着收购价格；批发的环节存在供应价格、批发价格；零售的环节存在零售价格。而收购价格是最基础的，批发价格就是中间环节的价格，零售价格便是农产品的实际价格。以上环节的价格，又是通过季节差价、质量差价、地区差价、购销差价、批零差价等联系起来的，它们共同构成了农产品的价格体系。

1. 农产品收购价格

农产品收购价格也称农产品采购价格，它是由农产品收购者向农产品生产者收购的价格决定的。我国农产品的收购者主要是供销合作社与国有企业，因此，农产品的收购价格主要由它们向生产者进行收购的价格决定。农产品收购价格作为农产品进入流通领域的第一个价格，同样为农产品其他销售价格的制定奠定了基础。它让城市与农村、工业与农业、国家与农民的关系得以体现。自中华人民共和国成立之后，我国农产品的供求及经济体制与其收购价格的方式都在不断变化，包含了超购加价、委托代购价、市场收购价、派购价、议价、统购价、国家定购价等。

2. 农产品销售价格

农产品销售价格包含了农产品产地销售价格、销地批发价格、零售价格。

（1）农产品产地销售价格。它主要应用于农产品产地批发企业向零售企业或批发企业进行农产品售卖的过程中。它通常是采用在产地收购价格基础上再添加购销差价来确立的。其中购销差价中包含着产地企业的税金、利润与经营费用。

（2）农产品销地批发价格。该价格主要是销地批发企业向生产单位或零售企业售卖农产品时所用的。由于工矿区与大中城市需要数量庞大的农产品，因此，向它们提供货品的方式主要是由产地集中，经销地批发环节再进行分散供应。这是销地批发价格通常会在产地批发价的基础之上，加销地企业的税金、合理费用以及利润的原因。

（3）农产品销地零售价格。作为流通过程中最后一环的价格，零售价格就是消费者见到的价格。农产品的零售价是否合理，直接关系着市场物价的稳定性。所以，要更加重视对农产品零售价的监管。农产品零售价格通常是由销地批发价加上批零差价构成的。

3. 农产品的比价

（1）工农产品的比价。农民购进工业品支出的水平，与农民售卖农产品获得的价格水平之间的对比，就是工农产品比价。也可以说，是一定数量的农产品同等于工业品的数量。它在一般情况下，用工业产品的销售价格指数的变动幅度，与农产品收购价格指数的变动幅度之间的对比来进行反映。工农产品的比价是否合理，关系到工农之间、城乡之间的差别能否逐渐缩小，工农业的生产能否得到协调发展。这是一个关键的政治、经济问题。倘若农民收获的价格水平的提升高于农民付出的价格水平的提升，就会对农民收入的增长与农业的发展更加有利；如果相反，那么，就会对工人收入的增长与工业的发展更加有利。因此，想要让工农关系更加合理，就必须时刻掌握、了解研究工农产品比价的变动，并即时采取解决措施。

（2）农产品之间的比价。同一地区、同一时期以及多种农产品价格之间的比例关系就是农产品的比价。该比例关系在对不同农产品的生产者收入产生直接影响的同时，也对多种农产品的生产与消费具有非常重要的影响。

4. 农产品差价

农产品差价指同一产品的储存、质量、流通费用、生产成本等方面存在着不同而造成的价格差额。主要分为下面几类：

（1）农产品购销差价。此差价就是相同的产品在相同地区的收购和销售两个价格中存在的差额。购销差价是否合理非常重要，如果购销差价合理的话，不但可以对农产品运销各环节中的流通费用进行补偿，而且能对农产品市场供求关系的调节起到积极作用；但如果购销差价不合理的话，就会影响农民生产、经营农产品的热情和积极性。

（2）农产品地区差价。该差价的意思就是相同商品在相同时间、不同地区的收购价格上的差额。此差价产生的原因是各个地区的自然、经济条件存在着差别，而生产同一种类的农产品在每个地区所需的劳动量并不相同，这就导致了成本不一致。合理的地区差价既不会对条件较好地区的积极性产生太大影响，又能推动条件较差的地区农业生产的发展。

（3）农产品季节差价。该差价主要受季节因素影响。它指的是相同的商品在相同地区的销售价格或是收购价格在各个季节之间存在的差额。这种差价产生的原因是某些农产品的季节性生产和常年的购买需要之间的矛盾，所以，在产品的生产到消费的时间差中，需要添加自然损耗、保管、利息、储存等费用。除此之外，同种农产品在不同季节生产中的费用与产量的差别也非常大，如蔬菜温室生产需要很高的费用，提前上市产量就会很低。所以，利用季节差价不仅可以对由于上调而增多的流通、生产费用进行补偿，还可以对淡旺季的农产品供应进行平衡。

（4）农产品质量差价。此差价指的是相同商品因质量不同从而产生的价格差额。劣质低价，优质高价，通过商品的品质来拉开价格档次，可以推动农产品质量的提升与维护生产者、消费者两者的利益。

二、农产品定价

（一）农产品定价时应考虑的因素

在农产品进入市场之前，生产者应确定合适的价格，这是一项非常复杂、细致的工作。综合来看，生产者应主要考虑以下几个方面的因素：

1. 生产成本

一般来说，先考虑在农产品的生产过程中投入了多少生产费用，如购买种子、化肥、农药及其他生产资料的支出，还有劳动用工，农产品加工品的生产成本则包括厂房、机器、设备、原材料、人员、资金等投入费用。对这些费用进行初步计算，就得到了在产品定价中第一个必须考虑的因素——生产成本。将生产成本除以收获的农产品总量，得到单位农产品生产成本。在农产品销售过程中，产品的定价应至少与单位农产品生产费用相等，也就是说，至少要能弥补成本，不亏本。在市场竞争激烈的情况下，农产品生产者在短期内可暂时不考虑弥补厂房、机器、设备投入的费用，仅弥补原材料、人员工资的费用。

2. 市场需求

在考虑产品生产成本的基础上将价格的决策权交给消费者，由消费者决定产品的定价是否合理。由于农产品大多是家庭日常消费品，本身商品价值不高，因此，农产品生产者不能将价格定得过高。同时，一般消费者都具备一定的农产品质量辨别能力，其在购买农产品的时候会根据自己的判断来确定产品的品质和价格，如果农产品价格定得过高，消费者根据自己的理解，认为产品不值这么高的价格，就会放弃购买。因此，在农产品的定价过程中，生产者应对产品在消费者心目中的价值水平进行初步判断，以此作为产品定价的依据。如果产品的质量高，或者产品具有新、奇、特等特征，而且是深加工、精加工产品，那么，消费者对产品的理解价值就会提高，这时可以相对定高价，这体现了优质优价的定价原则。

3. 竞争者的产品和定价情况

在农产品定价过程中，还应考虑的另一个重要因素是竞争者的产品定价情况，也就是生产同类农产品的其他生产者，他们的产品具有什么特色，价格定位在什么水平。从竞争者产品特色上可以了解自己的产品在竞争中是否具有优势，而竞争者的价格定位水平可以作为农产品定价时的参考。一般来说，农产品生产者可选择将产品定价低于竞争者、与竞争者同等或高于竞争者。在生产者实力较为弱小、信誉不高或其产品是大路货，没有什么特色、优势时，为求在市场上占有一席之地，可以采取低于竞争者的价格方式定价；对于实力一般的生产者，则可制定与竞争者同等水平的价格，从而避免双方间的价格竞争；而实力较为强大，或产品具有竞争对手没有的特色的农产品生产者，在消费者愿意为获得优质、特色的产品支付较高价格的情况下，定价可高于竞争者的价格。

（二）农产品定价策略

1. 心理定价策略

（1）奇数（尾数）价格策略。也叫作零头定价策略。它指的是结合了消费者的心理特点后,企业为农产品量身定制一个以含有零头的数结尾的定价策略,如 0.99 元、19.80 元等。它会给消费者一种经过精确计算后才确定最低价格的心理感受,增加消费者对生产者的信任感,从而扩大其商品的销售量。

(2)整数价格策略。整数价格策略的制定是为了迎合消费者"价高质优"的心理。该策略适用于价格相对较高的耐用商品、馈赠礼品或高档商品。

(3)分级价格策略。将商品按照不同的档次、等级分别定价。此方法便于消费者根据不同的情况按需购买,各得其所,并产生信任感和安全感。

(4)声望价格策略。该价格是通过在消费者面前树立的良好信誉或是凭借消费者对名牌商品的偏好心理,从而定下较高的价格。

(5)招徕价格策略。该策略的有效性主要体现在日用消费品上,它主要是迎合消费者追求廉价的心理,将几种消费品进行暂时减价以达到招揽顾客的目的。

(6)习惯价格策略。该价格策略主要针对那些让消费者习以为常、家喻户晓、很难变更的使用频率高的商品。习惯价格不宜轻易变动,否则容易引起消费者反感。

2. 折扣与折让策略

(1)现金折扣。也是付款折扣,即给那些提前或在约定期内进行货款支付的消费者在原本价格的基础上再进行打折。例如,若 20 天付清的款项,当场付款,给 5% 的折扣;若提前 10 天付款,则给 2% 的折扣;20 天到期付款,则不给折扣。

(2)数量折扣。指根据购买的数量,给予消费者一定的折扣。共有两种情况:其一,通过数量累计的折扣。具体是消费者在固定的时期内(如 1 个月、1 年)所购产品的总数量达到或超过某一指定数额时,按照其总量给消费者一定的折扣。其二,非累计数量的折扣。消费者通过一次性或多次购买达到或超过指定金额,便可获得规定的价格折扣。

(3)功能折扣。该折扣是生产企业专门为帮其进行储存、服务、推销等营销工作的中间商所制定的额外折扣。

(4)季节折扣。此折扣是企业、农民对于那些在淡季购买季节性产品的消费者的折扣；零售企业给那些购买过季服务或商品的消费者的折扣。

3.差别定价策略

农产品生产者还可以根据产品形式、顾客、销售地点的不同，把同一种农产品定为不同的价格。主要差别定价方式有：

（1）顾客差别定价。农产品生产者将同一种农产品按照不同的价格卖给不同的顾客。一般来说，顾客的差别主要体现在其收入水平上。如对收入水平较高的大中城市和经济发达地区的消费者制定较高的价格，而对收入水平较低的中小城镇和经济欠发达地区的消费者制定较低的价格，这种定价方式比较适合于名、新、特、优的农产品。

（2）产品形式差别定价。农产品生产者根据产品的外观不同、包装不同，对质量、成本相近的产品，可以制定不同的价格。在传统的生产经营中，农产品生产者不太注重通过对产品进行分级、分类、包装而使农产品增值，导致农产品出售时失去了获得较高的附加利润的可能。在现代商品生产实践中，农产品生产者要增强这方面的意识，从产品的生产过程做起，尽量拉大产品的利润空间。对农产品的分组分类主要从外在品质方面来认定，这是农产品营销中区别于工业品营销的一个重要特点。

（3）销售时间差别定价。指农产品生产者对不同季节、不同时期出售的同一种产品，分别制定不同的价格。这种策略比较适用于鲜活农产品。生产者在种植反季节农产品的时候，由于投入较高，因此，决策时要注意把握市场需求，选择好种植种类和品种，若盲目跟风，一拥而上，产品差异优势就不复存在。

（4）销售地点差别定价。指农产品生产者每个地点供货的成本相同，但是，可以结合不同的销售地点，制定出不同的产品价格。

4.地区定价策略

（1）消费者承担运费定价。由消费者承担产品由产地到消费者购买产品区的运输费用。产品的销售价格是在产品生产成本、适当利润的基础上加上产品运输费用，再将总费用分摊到销售的每一单位产品上得出的。

（2）统一交货定价。也叫作邮资定价，不管距离远近，企业对所有的消费者实行统一送货，而价格同样由厂价加运费构成，对每个子市场都执行一样的价格。

（3）分区定价。该定价是企业通过地区来进行定价，将一个地区划分成若干个价格区域，每个区域制定一种价格，距离越远，价格也就越高。

（4）基点定价。企业将某些城市作为基点，并采用一定的厂价与从基点城市到消费者所在地的运费相加的方式进行定价。卖方不负担保险费。

（5）运费免收定价。企业对于不同地区的顾客都不收取运费，以此吸引顾客，加深市场渗透。利用这种方式定价，使产品销售价格低于竞争对手，在竞争中具有一定的价格优势，有利于产品打开市场。如果产品销量加大，销量的增加将使产品平均成本降低，这可以弥补运输费用的支出，对企业来说也是有利可图的。这种定价方式常被用于市场竞争激烈的情况下，对农产品生产者也是适用的。为使农产品进入新的市场，短期内可以不考虑利润的大小，主要考虑提高产品的市场占有率，确定低廉的销售价格，以在新的市场上站稳脚跟。

三、农产品价格应对策略

农产品生产者和经营者处于一个不断变化的环境中，为了生存和发展，有时候需要主动调整价格，有时候需要对价格的变动进行适当的反应。

（一）农产品生产者降低价格

在下列情况下，农产品生产者可以采取降价的策略。

1. 生产能力过剩

农产品与工业品不同的显著特点之一是产品的生产周期较长，部分产品生产过程中受自然条件影响较大。当温度、光照、降水等自然条件适宜，风调雨顺，病虫害较少时，种植业农产品易获得丰收。但是，由于农产品大多是需求相对稳定的产品，产品生产过剩，而消费者不会增加多少购买量。同时，农产品生产周期较长，短时间内不能进行产品改进，由此出现季节性农产品生产能力过剩。这时，农产品生产者应考虑降低产品价格，以促进产品的销售。

2. 市场竞争压力过大

在激烈的市场竞争中，生产者生产同类农产品情况越来越多，随着市场的开放，国际市场的农产品进入国内市场的数量也越来越多，农产品的新、奇、优特点差异空间在逐渐变小，在这种情况下，为了巩固产品原有的市场，农产品生产者可以考虑采取降低价格的策略，以维持产品的市场占有率。

3. 自身成本费用比竞争对手低

当农产品企业不断发展壮大，企业达到一定规模，具有一定的品牌效应，消费者对产品的信任度较高，产品深受消费者欢迎，产品的销量达到一定水平，平均成本降低时，农产品生产企业可以通过降价进一步提高市场占有率，将实力较为弱小的生产者挤出市场。

由于我国耕地限制和传统生产习惯制约，农产品的生产规模较小，具有较强国际竞争实力的农产品经营企业几乎还没有，导致农产品生产者实施降价策略的原因主要是季节性的生产能力过剩和市场竞争的压力过大，同时，许多农产品生产者是被动降价。

（二）农产品生产者提高价格

在下列情况下，农产品生产者可以采取提价策略。

1. 生产成本上升

农产品的生产成本上升主要体现在：农业生产资料涨价，如种子、农药、化肥等；生产原料涨价，如饲料。生产资料和原料的涨价使生产者为保持原有利润，可以提高农产品销售价格。

2. 农产品供不应求

农产品供不应求，无法满足所有顾客的需要。在这种情况下，农产品生产者可以采取提价策略。农产品生产者在采取提升价格的策略时可运用一些技巧，较为隐蔽地提高价格。如对于一些罐装的果汁、饮料、鲜奶，可以适当减小容量，但包装不变，令消费者不易察觉；适当提高产品中高档产品的价格，通过高档产品弥补成本。如果公开提价，则要通过宣传，说明提价的原因，做好顾客说服、沟通工作，减少消费者的不满情绪。

（三）充分利用农产品价格变动，采取积极应对措施

虽然农产品生产者对产品价格的调整大部分属于被动调价，但是，

无论是主动调价还是被动调价，对于农产品市场价格的变化，农产品生产者都不能仅仅是被动应付，而要在价格战中采取各种措施积极应对。

1. 努力寻找新的市场

我国地域辽阔，农产品的生产受自然条件限制，区域差别较大，在某一地区市场上供过于求，在其他地区则可能存在大量需求。此时，农产品生产者应将重点放在扩大消费者数量上，努力寻找需求还没有得到满足的消费者。

2. 加大农产品宣传

不降低产品价格，维持原价，加大产品质量宣传，通过与消费者进行交流，如开展样品展销会，努力使消费者感受到自己的产品优于其他同类产品生产者的产品，使消费者坚持"一分钱，一分货"的信念。这种策略适用于产品质量较优的农产品生产者。

3. 降低产品价格

在市场价格能够弥补成本的情况下，农产品生产者为保持竞争中的价格优势，使自己的市场份额不被竞争对手抢走，也可以采取降价策略。

4. 提高农产品质量

农产品市场竞争中，价格变化快、竞争激烈、供过于求的农产品主要是一些质量一般、不符合消费者需求升级后需要的普通产品，市场上一些新、特、优的农产品仍然卖价较高，生产者获取的利润也较多。因此，从长期来看，农产品生产者要从非价格策略着手，根据市场需求和地方自然条件，生产符合消费者需求的产品，抓好产品质量和分级分类工作，使产品进入市场后，竞争环境相对宽松，从而减少价格波动。

5. 促进农产品加工升级

农产品仅仅做到专业化生产，产后的分类、分级等只是简单地粗加工，利润增加空间不大。生产者应努力开发农产品的深加工、精加工。加工后的农产品，卖价的提高远远大于成本的增加，能够给农产品生产者带来较高的利润附加值，竞争对手相对也较少。我国现在农产品加工环节还比较薄弱，而随着人们消费水平的提高，对农产品加工的需求也会不断增长，农产品生产的加工升级将是一个良好的市场机会。

6. 加强销售渠道建设

人们经常提到农产品"售卖难"问题，农产品生产者也为农产品"售卖难"问题感到十分头疼。但是，农产品生产者往往在农产品生产出来后，发现市场供大于求，价格下降，才急于为产品寻找出路。作为现代商品经营环境下的农产品生产者，从准备进入一种农产品的生产经营领域起，就要注重销售渠道的建设，重视中间商的选择和激励，努力与中间商保持长期稳定的销售关系。这样，当市场价格出现变化时，产品的销售渠道仍能保持通畅，使自身在价格竞争中占据优势地位。

第四节　农业物流与物流体系

一、农业物流概述

（一）农业物流的作用

农业物流指的是围绕农业生产这一核心而进行的一连串物品从供应地向接收地的实体流动与相关的管理、技术、组织活动。也可以理解为是让储藏、加工、流通、包装、运输、装卸、信息处理等基本功能达成的有机结合。

1. 发展农业物流，有利于发挥农业在国民经济中的基础作用

由其入世之后的形势分析可以看出，国内主要农产品的生产价格普遍比国际市场的价格要高，因此，农产品丧失了商业竞争的优势。倘若我国大量进口质量高、价格低的农产品，则不利于部分大宗农产品主产区和农民的生产积极性，农民将会面临着很难将农产品卖出去的局面，农村社会经济的矛盾也将更加突出；倘若让收购国内高价低质农产品的情况继续下去的话，便会让城市居民的收支矛盾更加突出，这样也会导致国家财政问题。因此，在农业国际化及农村市场对外开放的进程不断提速的情况下，中国农业必须在传统的生产、技术与经营方法所导致的产品质量过低、成本过高、流通不畅等问题上进行革新。建立科学的农业物流体系与提高农业生产率就是让这种状况得以改变的紧急措施与长远战略。

2.建立现代农业物流体系,是建设和完善高效农业社会化服务体系的客观要求

当物流体系得到确立、农业服务体系得以完善之后,才能实现产业结构的调整,进行产业化的经营。

3.建立现代农业物流体系,是使农民重视农业管理和成本核算的驱动力

"重生产,轻核算"的特点一直存在于我国的广大农村。大多数农民为了获得更高的利润,通常只考虑降低销售与生产成本,而没有考虑物流运输中的潜在利润。物流不但在企业供应、销售及生产领域具备提高经济运行效率的价值,而且具有提高企业利润、促进企业经营、降低企业生产成本等方面的作用。所以,它也被众多国家称为"降低成本的宝库",将其奉为"第三个利润的源泉"。在科技文化素质不断提升的情况下,农业成本核算的重要性已经被农民从城市工商业管理中发现了,他们想要通过发展物流及加强物流管理,达到农产品市场流通与经济繁荣,推动农业现代化的达成与农村经济的发展。

4.建立现代农业物流,可以大大降低和分散农业经营风险

自从我国加入WTO(世界贸易组织)之后,就面临着农产品市场的竞争加剧,而降低农业风险,获得更多利润,成为农业生产者最大的难题。这时,物流管理凭借其抵御风险的作用得到了各界的广泛关注。例如,种子公司能够为种子发芽不齐承担风险,农药公司能够为农药无法发挥作用承担风险,仓储公司能够为鲜活产品的储藏承担风险,农产品贸易公司能为市场风险也就是价格的变动承担风险。这样,农民风险的部分转移与农业生产便实现了。在农业物流体系建立的基础上,推动农产品生产者和农产品加工商、销售商与生产资料供应商达成战略性联盟,促使众多农产品生产者与农业中小企业进行集约化运作,从而降低物流成本。

5.现代农业物流体系的建立,可以推动我国农村经济结构调整,促进农村城镇化建设

从理论上来讲,农业物流体系的建立在具体的实践过程中主要表现为在农村建立物流产业。它是一个农村商品流通企业,它的职责是为农业生产服务的。农业经济发展与物流的关系在我国广阔国土的影响下,变得更加密不可分,而物流产业也在我国农业发展中占据了重要位置。

通过打造与我国农业生产与农村经济相适应的物流体系，或对如今在我国农村存在的具备物流特点和相互独立的企业进行资源重组，能够让支农企业得到很大程度上的发展。

（二）农业物流的分类

以农业物流的管理形式为依据，可以把农业物流划分成农业供应物流、农业生产物流、农业销售物流三部分。

1. 农业供应物流

农业供应物流指为了让农业生产能够连续不断地进行，保障农村经济的发展，补足、供给农村生产需要的生产资料的物流。主要指的是农业生产资料的储存、采购、装卸、搬运与运输。农业生产资料包括农药、肥料、种子（种畜、种禽、种苗）、地膜、农机具、兽药、饲料以及农业生产需要的其他材料、燃料、原料等，也包括水利与电力资源。

2. 农业生产物流

农业生产物流是由微生物、动植物种养、管理、收获的全部过程而形成的。它包含了三个环节：第一个是种养物流（也就是种植养殖的物流），包括整地、播种、育苗、移栽等；第二个是管理物流，也就是农作物生长过程中的除草、用药、施肥、浇水、整枝等物流活动，或是动物的喂养、微生物培养等所产生的物流；第三个是收获物流，也就是在回收生产过程中产生的物流，包括农产品采收、脱粒、晾晒、整理、包装、堆放或动物捕捉等所形成的物流。

3. 农业销售物流

农业销售物流是指农产品的销售与加工行为所产生的收购、加工、保鲜、包装、运输、储存、配送、销售等一连串的物流活动。和工业品进行比较，农产品具备以下特点：一是易腐性。农业的产品通常都属于生鲜易腐的产品，其寿命很短，想要保鲜往往十分困难。二是笨重性。农产品数量繁多，但其单位价值较小。三是品质差异大。因为自然条件具备强大的不可控性，所以农业生产在很大程度上受制于自然条件，尽管执行了统一的生产标准，但所生产的产品质量也会出现差异。四是价格波动大。农产品的价格波动性较大，可能在一年之内、一个季节之内，甚至于一天之内也会出现大幅度、频繁的变化。以上几种农产品的特征让农产品在物流管理的包装、配送、储存、运输、装卸、搬运等方面的难度均得到了提升。

(三) 农业物流的基本特征

1. 农业物流涉及面广、量大

农业产出物与农业生产资料都属于农业物流的流体，它涵盖了肥料、地膜、饲料、种苗等农用物资与农机具，以及养殖业、畜牧业、林业、种植业等，其物流具备结构复杂、节点多的特点。农业在中国国民经济中占据了非常重要的位置，具有非常庞大的农用生产资料的产销供需量，仅从化肥这一项上来看，其使用量就已经达到了世界第一。鲜食鲜销是我国当前生活消费农产品的主要形式，在处于分散状态下的产销地之间需要使消费者在不同时空上的需求得到满足，这让中国农业物流遇到了质量与数量上的极大挑战；虽然如今中国用于生活消费的农产品的商品转化比例比较低，但是将农产品作为原料的纺织业、化工业和轻工业依然在我国工业结构中占据着重要位置。

2. 农业物流具有独立性和专属性

农业与其他物流的流体不同，因为其具备流体农业生产资料和农产品的生化特性，所以使得农业物流的运输工具、设备和设施具备专属性，而农业物流系统及储运条件、流通加工、包装方式和技术手段具备独立性，这导致刚起步的中国农业物流的发展速度较慢，并且需要大量的投入。

3. 保值是中国农业物流发展的核心

我国农产品在物流与流通环节每年都损耗巨大的原因就在于农业物流的发展水平较低，所以，运用物流技术让农产品在物流运输过程中达到有效保值是如今比农业物流增值更加关键的核心问题，减少农产品物流与流通的损失应该和农业生产处于同样重要的位置。

二、建立健全农业物流体系

(一) 政府大力支持与多渠道开发并举

在政府层面，应该采取多方面的措施来推动农业现代化的物流发展。

例如，结合产销各地的经济状况与自然条件，在财政投入层面上向基础设施的建设倾斜，以及搞好农业现代物流所需的基础设施建设。利用政策为投资农业现代物流建设的企业提供各项优惠措施，引导其加入农业现代物流的建设队伍中来，从而打造多元化现代农业物流的建设体系。要让资本市场在税收政策的引导下，去帮助并推动农业现代物流的发展；同时，支持那些较大的农业物流企业兼并、收购小企业，进行资产重组，最终让物流企业得到更好地发展。

（二）加强农业物流基础设施平台建设

基础设施平台是由运输、装卸、库存、市场、加工、仓储、交通、搬运、包装、配送等基础设施设备的硬件组成的。它对现代化农业物流活动稳定、高效的运转及其经济的高速发展起到了有效支撑。近几年，河北省的公路与铁路运输在农业物流的发展下得到了较快发展，除了整车运输之外，特种车运输、集装箱运输以及大型货物运输都得到了较快的发展。路况变好、路程更短，运输的装备得到改善，有利于减少农业物流的成本，减少鲜活农产品的运输损耗。

（三）加快农业物流网络信息平台建设

现代软件工程是农业物流网络信息平台的基础，其作用在于对涉农领域相关的信息进行提取，将公共应用支持、信息基础设施相结合，为客户与农业物流企业提供数据的共享服务。农业物流网络信息平台与其他涉农企业的物流信息系统并不相同。它是在对涉农领域原有资源进行整合的基础之上，利用行业资源共享下的域内总体优势，在管理农业供应链过程中每个环节之间的信息交换的同时，给企业的物流信息系统提供涉农基础信息服务，从而达成物流企业之间、客户和企业之间涉农物流信息以及功能的共享，促进企业化管理、一体化经营、社会化服务以及农业专业化生产与集约化加工等方面的发展。

（四）加快物流技术支撑平台建设

作为完善与实现现代农业物流功能的途径，物流技术是由包装技术、信息技术、运输技术、仓储技术等物流技术创新体系所组成的。河北省如今在研发与应用农业物流技术方面的能力还相对较弱,所以需要采取自主创新研究和引进开发并行的方法,研发运输管理技术和物流车辆,大力开发罐装车、冷冻车等专用车辆,推动货车大型化、专用化和集装化;推行 GPS 车辆跟踪定位系统、CVPS 车辆运行线路安排系统,对车辆进行计时监控,让运输管理不断趋向科学化与自动化;对库存管理和仓储设备两大技术进行研制开发,使仓储管理电子信息技术与高层自动化货架系统得到更快普及;在搬运装卸技术装备上进行不断创新,让各式叉车得以应用,单元化装载得到推广;推动包装设备、包装方法和包装材料的研究;大力促进 EDI 电子数据交换技术发展,让电脑对库存控制配送中心、运输车辆及运行、订货等方面进行管理,从而让信息反馈的速度得到提升,加强物流供应链的控制力与透明度。

(五)大力发展农业第三方物流

让更具专业性的第三方物流企业得到发展会带来诸多好处,如减少流通成本,推动农业发展,使农产品的使用价值与附加值得到提升,提高农业的市场竞争力。而达到这些目标的具体措施有:①加快培养与拓展一部分专门为整个农业生产过程提供物流服务的社会性第三方组织、企业,推动其成为农业现代物流发展的榜样、模范,并对中小物流企业进行资源整合。在发展的初期阶段,第三方物流企业要想让农业生产者、经营者对其更有信心,可以采取免费体验服务、让利等形式。此外,还可以结合客户的不同需求,采取更具针对性的物流解决方案。这样一来,便能够以降低客户物流成本为基础,进行市场潜力的开发,使农产品增值效益达到最大化。②支持农业产业化龙头企业之间的强强联合和龙头企业与仓储企业、运输企业之间的相互合作,发展一批优势农业物流企业。③在促进农业系统、供销系统企业、农资经销单位、传统储运企业、粮食系统企业等向第三方农业物流转型的同时,大力引进国外优秀的物流企业,从而使农业第三方物流的实力与规模得到不断壮大。

(六)推进农业物流标准化建设

建立全国性质的农业物流标准化管理机构,对物流标准化工作体制性的障碍进行快速清除,使物流环节与物流系统间的标准组织协调工作得到不断加快。为了避免计划出现遗漏、盲目或重复,要对物流标准化体系进行更深入的探究,让标准化的主攻与发展的方向更加清晰,在进行物流标准化工作时,进行系统的规划。立足于我国国情,在对国外那些先进物流标准进行积极借鉴的基础上,进行本国农业物流标准的规划、制定,使我国的物流标准与国际物流标准相协调统一的进程加快,积极推动和国际接轨的农业物流装备与设施的标准化建设。在对农业物流标准进行更加严格的贯彻的同时,增强对其的监督管理。

三、农业物流的发展趋势

(一)第三方物流服务方兴未艾

随着全球化经济的不断发展,提高竞争力的主要任务便是大力推进核心业务,而企业的分工更加专门化,这将让第三方物流企业得到更好地发展。第三方物流的发展会带动物流趋向合理化、规模化与专业化,从而使物流成本缩减,物流系统的效率得以提升。第三方物流的发展手段为:在鼓励合作、兼并、合资等整合措施的基础上,使原本的第三方物流企业的经营规模得到扩大;在制定现代物流行业准则的基础上,推动小规模的物流企业转型;在完善、修订各种政府行为与法规的基础上,把原本的各种市场条块分割的限制打破,让第三方物流企业跨行业、跨地区得到更好地发展;围绕着降低物流成本与提升服务的质量,不断促进物流企业的技术、管理创新。要支持流通企业、生产企业增加对第三方物流的使用率,使第三方物流企业所提供的服务优于第一方、第二方。只有如此,才能使农村第三方物流得到高速发展。

(二)物流行业进一步进行资源重组,提高行业的整体水平

物流作为一种新兴的行业,国内很多人对物流的概念理解不透彻,物流公司在国内遍地开花,一张桌子、一部电话就能成立一家物流公司。随着物流概念的深入,物流的节约成本作用亟须体现的时候,需要对行业进行重组、整合,走行业正规化道路,使行业优势更为突出。因此,

在未来几年，物流行业资源重组，进行优胜劣汰的残酷的市场调整，是行业发展的大势所趋，也是行业从发展到成熟的必然经历。

（三）信息技术是提升物流作业水平最重要的工具

在物流信息系统得到广泛的应用之后，能够对物流作业起到辅助作用，提升物流作业的生产率与准确性；改善业务的流程，迅速适应市场的变化；提供大量的信息，不断满足客户的需求；推进物流信息进行合理流动，让整个供应链系统的社会效益与合理化水平得到提升；在辅助决策与知识挖掘的基础上，提升管理决策的水平。总的来说，物流信息系统能够为管理提供多方面的服务，提升组织的核心竞争力与管理水平；信息技术被应用于物流系统后，产生了一系列积极影响，如提高了物流系统的运作效率、效益与速度，缩减了物流的成本，让物流系统的服务水平与服务质量得到提升，给物流系统的革新提供了推动力和支持力，它成为让物流系统的竞争能力与生产效率得到提升的重要来源。

（四）物流会成为国家新的经济增长点

我国经济发展带来一个巨大的潜在物流市场，物流是第三利润源泉，现代物流产业作为拉动经济增长的力量来源，在拉动与支持我国国民经济增长方面具有重大意义，对我国相关产业发展具有促进和协调作用，对于解决我国经济发展中的难点问题起到关键性作用。目前，我国巨大的经济总量已经产生巨大的货物流量，同时带来一个巨大的潜在物流市场。

物流与第一产业农业相结合，便成为农业物流业。加入世界贸易组织后，我国粮食生产的比较优势降低，但围绕粮食生产、购销、运输、仓储、加工、配送的支农物流、粮食物流与农业物流却是一个非常有前景且利于新农村建设、解决"三农问题"的服务性产业。物流市场伴随着我国物流产业的迅速崛起而正加速形成着，从总体角度来看，这大大推动了现代物流业变成中国经济发展的新经济增长点与重要领域。

（五）绿色物流将成为新增长点

物流虽然促进了经济的发展，但是物流的发展也会给城市环境带来负面的影响。为此，21世纪对物流提出了新的要求，即绿色物流。

绿色物流主要包含两个方面：一是对物流系统污染进行控制，即在物流系统和物流活动的规划与决策中尽量采用对环境污染小的方案，如采用排污量小的货车车型，近距离配送，夜间运货（以减少交通堵塞、节省燃料和降低排放）。发达国家政府倡导绿色物流主要是在污染发生源、交通量、交通流等三个方面制定了相关政策。绿色物流的另一方面就是建立工业和生活废料处理的物流系统。

第六章　农产品市场营销

第一节　农产品市场营销的概念及特点

一、农产品市场营销的概念

农产品市场在通常情况下是由购买力、消费者以及购买欲望三部分构成的。采取某些措施或途径让消费者产生想要购买该商品的欲望，并在指定的购买范围内让消费者对农产品的需求得到满足，这便是农产品市场营销的主要职能。而进行农产品市场营销的目的是让农产品经营者的目标得以达成，建立、创造并保持和目标市场间的关系与互利互惠，对农产品经营者所策划方案的计划、分析、控制与执行。

所谓农产品市场营销，在本质上就是在不断变化着的市场环境中，以满足消费者需求为核心的农产品经营者所展开的一连串营销活动，其中包含了产品定价、选择目标市场、产品开发、进行市场调研、产品存储和运输、产品销售、提供服务、产品促销等诸多和市场相关的经营活动。

二、农产品市场营销的特点

农产品营销与其他产品营销存在着许多相似之处，但也在某些方面具备自身的特点，如消费特点、产品特性与生产特点，这也是它与其他营销区分的依据。

（一）农产品的生物性、鲜活性

农产品绝大部分为生物性产品，如蔬菜、禽蛋、瓜果、大米、花卉、面粉、牛奶等，它们的特点是鲜活、易腐，极易失去其鲜活性。例如，鱼、鲜牛奶及花卉，正常的存放时间极短。这类农产品倘若失去了鲜活性，其价值就会大打折扣。

（二）消费需求的普遍性、大量性和连续性

农产品在需求上的普遍性是由其本身的基础性所决定的，它对美化人们的生活、满足人们生存基本需求等方面来说至关重要，因此，人们对农产品的消费需求是其生存最基础的需求。同时，庞大的人口基数决定着对农产品需求的大量性。

除此之外，农产品作为人们日常生活的必需品，虽然其生产受季节的影响，但是消费却达到了平衡。不管是作为工业生产的原料，还是人们的日常消费，农产品都保持着连续的、常年的需求量。

（三）农产品品种繁多且可替代性强

其一，农产品具备难以计数的种类、规格；其二，许多农产品互相具备着相似的基本功能，在基本用途和基本成分上相同或接近，所以农产品间便产生了极强的可替代性。以上因素共同决定了农产品贸易的难度与复杂性。如，一旦白菜的价格上涨，那么，作为替代品的萝卜的需求量就会上升。因此，农产品的保存、技术、生产不但难度大，而且相当复杂。可以将农产品理解为劳动力、技术与资金集约化程度较高的产业。

（四）农产品产销矛盾突出，价格波动大

农产品的生产具备很强的地域性、季节性，因此，农产品处于产地的生产季节中，其上市量就会很大，时间上也相对集中。例如，大部分水果的收获旺季是每年的秋季，这时，会有许多水果集中上市，如柑橘、苹果、梨等。这样一来，水果的价格就会下降。又如，苹果大多生产于北方，而柑橘通常只能在南方生产，故在北方市场中，柑橘价格高，苹

果价格低；而南方市场则与之相反。在生产的地域性、季节性等方面的影响下，农产品的价格会产生较大波动。在供大于求的旺季进行集中上市，农产品的价格会降低；而在供小于求的淡季上市，农产品价格则会上涨。

（五）农产品的质量受产地因素影响较大

由于经历了长时间的自然生长过程，农产品形成了适应产地自然环境、条件的生态习性，所以，自然条件也成为影响农产品质量的重要因素。即使是将相同品种的农产品放在不同的地方进行栽培，也会产生质量上的不同。比如，将哈密瓜放在新疆栽培，要比在其他地方栽培的哈密瓜甜很多。

（六）农产品的储藏、运输难

鲜活的农产品极易腐烂，不方便运输与储藏，而且部分农产品的单位体积较大，价格较低，但其运输费用会比较高。为此，一方面，要使用多种有效且灵活的促销形式，为其制定适当的售卖价格，争取就地完成多销、快销，从而降低产品的损耗；另一方面，要对其进行产品化处理，通过先进技术让农产品进行保鲜、储藏，减少其储藏腐烂的数量，选取最灵活的流通途径，使运输渠道保持畅通，并通过便捷的运输路线与交通工具，在一定程度上减少运输中的损失，来获得较高的经济效益，使农产品经营者营销的目标得以达成。

（七）农产品的价值低、利润低

部分农产品体积相对较大，单位体积的价值偏低，而贮藏和运输成本很高。例如，一袋重为25千克的面粉，它的价格只有几十元，然而整个过程，从收购小麦起，需要经粮商收购，运输到面粉加工厂进行加工，之后再送进超市的门店里。其间，要经历多次搬运和两次长途的运送，搬运、运输的成本就超过10%，所以就导致经营面粉的利润比不上搬运的费用。

（八）大宗农产品的营销相对稳定，小宗农产品的营销变化无常

农产品市场由于具备庞大的需求量和供应量，因此，市场的变化相对平稳；而那些小宗农产品的需求量有着巨大的变化，使得其供应量的变化也非常大，两者变化相反或重叠导致价格产生剧烈的变化。

第二节　农产品消费者的需求

一、农产品消费者的需求

农产品消费者是以个人生活需要为目的，用货币购买农产品以满足个人消费需求的自然人。农产品经营者必须考虑农产品消费者市场，因为他们最终服务的对象是农产品消费者。可以说，农产品消费者是一切农产品市场的基础。如果一个农产品经营者没有掌握农产品消费者的情况，盲目发展，那么就势必影响其经营效益。

农产品消费需求是指农产品消费者对农产品有支付能力的需求与愿景。只有对农产品产生不断的需求，才能早日达成农产品经营者的经营目标，农产品经营者的营销决策和营销方案才有其可行性。

为此，在农产品营销过程中，必须对农产品消费者的需求进行研究，从而有针对性地制定营销策略，不断满足农产品消费者的需求，实现农产品经营者的目标。

二、农产品消费者的需求类型

消费者对于农产品的需求不仅仅局限于某一个方面，而是具有需求的多样化。例如，消费者对于水果的需求，不仅表现在对水果营养这一基本功能的考虑上，还会关注水果的品质、外形、颜色、大小等多个方面。农产品消费者的需求主要具有以下几种：

（一）对农产品食用功能的需求

"民以食为天"，农产品是食物的基础来源。消费者购买农产品，首要考虑的是某种农产品具有的能够满足其温饱及能够给其身体带来基本

营养价值的功能，即食用性。食用性是农产品的基本功能。这是大部分农产品被生产和销售的基本条件，也是消费者的基本需求。如消费者购买大米、白面，主要是因为这两种食品能够解除饥饿，并能满足身体对于能量的基本需求；而消费者购买牛奶制品，是因为牛奶具有补充营养、增强体质的基本功能。为此，保证农产品具有基本功能，是满足农产品消费者需求的前提条件。

（二）对农产品品质的需求

在满足了农产品基本功能方面的需求后，消费者往往追求更高品质的需求。特别是随着生活水平的不断提高，消费高品质的农产品成为一种时尚的需求趋势。农产品的高品质通常表现在营养成分的纯度、水分含量、口感与纯度等许多指标上。作为农产品经营者，应当随时关注农产品消费者对农产品品质需求的变化趋势，从种植、生产，到农产品采收、运输、储藏，再到最终的销售等各个环节，注重农产品品质，不断满足农产品消费者对高品质农产品的需求。

（三）对农产品安全性能的需求

在购买所有消费品之前，消费者最基础的要求就是产品必须是安全且不会对身体造成任何危害的。而对于食用的农产品更是如此，追求消费安全是农产品消费中的一项基本原则。为了达到这一原则，农产品要符合以下几个要求：一是农产品要符合卫生标准，无损于消费者身体健康，如食品应符合国家颁布的《中华人民共和国农产品质量安全法》《中华人民共和国食品安全法》《中华人民共和国进出口商品检验法》等法规和检验标准，要求在保质期内出售和食用，确保不生产、销售含有损害人体健康成分的农产品；二是农产品的安全指标要达到规定的标准，如鲜食农产品的农药残留应当限定在国家规定的指标范围之内；三是农产品最好要有保健功能，要有利于促进身体健康。人们的健康意识随着生活水平的提高而不断增强，身体健康与食品安全问题越来越引起消费者的重视，如今，农产品的安全性已经成为农产品消费需要的主要趋势，消费者越来越推崇鲜活、健康、营养、绿色的农产品。

（四）对农产品便利程度的需求

便利程度包含两个部分，一部分体现在农产品采购过程的便利程度，另一部分体现在农产品使用过程中的便捷程度。消费者想要以最近的距离、最快的方式以及最短的时间在购买过程中买到自己所需的农产品。相同类别的农产品在安全性、价格、品质等方面大致相同的条件下，购买更加便利便会成为消费者另一个基本需要。他们往往选择便于购买的消费方式，这样既能够节约时间和精力，又能够实现新鲜消费。如近年来一些地方推出的鲜活农产品进社区、蔬菜配送业务等销售方式，给消费者带来了极大的方便，得到消费者的热烈欢迎。

消费者也开始注重农产品使用过程中的方便性。如近年来推出的薄皮核桃，与传统核桃品种比较起来，皮要薄很多，只需用手轻轻一捏，核桃皮就很容易碎裂，从而便于剥壳，解决以往的核桃品种皮厚难剥、食用不方便的问题。为此，薄皮核桃越来越受到消费者的欢迎。同样，以前消费者消费鸡肉需要自己宰杀、自己分割，非常烦琐；而现代消费者更追求便捷，为此，商家推出了即时屠宰、即时分割的业务，为消费者解决了许多麻烦，满足了消费者追求便捷的需求。

（五）对农产品外观的需求

对美好事物的喜爱是人类的共性，对于农产品来讲，不仅要有良好的品质、安全性等基础功能，还要拥有美丽的外观形象，特别是在人们审美趣味随着消费水平的上升而提高的情况下，人们对农产品的外观也越来越重视。

对于初级农产品而言，从其大小看，要求其规整，既不能大大，也不能太小；从其形状上看，要符合该种农产品的基本形状，该长的长，该短的短，该圆的圆，该扁的扁，而不是形状各异；从色泽看，应该具有该种农产品基本的颜色。

以消费者对于苹果外观的需求为例，现代消费者一般喜欢个头大小适宜、果形规整、色泽均匀的苹果。因为如果单果重量太大，一般一次吃不完，而太小的果成熟度又不够，会影响口感。食用个头适宜、果形整齐、色泽均匀的初级农产品能够给人一种美的享受。尤其是近年来推出的一些果菜新品种，如用于观赏兼食用的蛇瓜、樱桃西红柿、彩椒、袖珍西瓜、迷你黄瓜等，同时满足了保健、食用、营养与观赏的需求，因此得到了消费者的喜爱。对于加工农产品而言，不但要求其内在品质优良，而且要求其具有良好的外观设计，即消费者对加工农产品的工艺、包装、性状、颜色以及整体风格都有较高的要求。适宜消费者需求的农产品外观设计，往往是消费者的首选。

（六）对农产品情感功能的需求

它指的是消费者想让农产品承载浓厚的情感色彩，将个人的情绪状况得以体现，成为人与人之间情感沟通的桥梁，并借助食用、购买该农产品得到情感上的寄托、补偿和追求。作为社会成员，消费者有着对友情、亲情、爱情等情感的迫切需求，该需求主要借助人际交往、沟通得到满足。在农产品消费过程中，人们也希望通过农产品来传递情感，使相互之间的情感能够以农产品为媒介得以交流。如鲜花作为一种特殊的农产品，不同的品种能够传递不同的情感；经过生长阶段特殊处理的带字苹果，其中有福、禄、寿、平安、吉祥、生日快乐等字样，无论是自己消费还是当作一种礼品，都能使消费者得到心灵和情感上的满足。同样，倘若在农产品加工包装的过程中，配上带有情感的图案、话语，就可以让消费者的情感需求得到满足。

（七）对农产品社会象征性的需求

农产品的社会象征性，是消费者要求农产品体现和象征一定的社会意义，使购买并获得此产品的消费者的社会特性得以显现，如地位、尊严、身份等，以此来得到心理上的满足。当然，农产品的社会象征性并不是农产品本身所具有的内在属性，而是人们在现实消费中逐渐形成共识，并赋予了农产品特定的社会意义。例如，某些农产品如鲍鱼、燕窝等，由于数量稀少、加工难度大、购买不便、价格昂贵等，限制了其消费，仅有部分具备特定的地位、身份以及收入较高的消费者才能进行消费，所以此类农产品在一定程度上反映了消费者的社会地位与身份。消费者消费或用此类农产品作为礼物赠送他人，正是为了证实自己或对方的社会地位或社会身份，体现了对社会象征性的需求。

（八）对农产品良好服务的需求

上述几种需求大多体现了消费者对农产品实体功能的需求，除此之外，良好的服务也是消费者在购买、使用农产品过程中所应该享有的。因为，优质的服务会给消费者带来多方面的心理满足，如个人价值认定、情感交流、尊重需要等。随着生产水平的提高和科技的发展，人们在农产品质量、数量、品种等方面的需求基本能够得到满足，消费者可以随时随地购买到自己所需要的农产品。为此，在消费者购买和使用农产品的过程中，对于优质服务的需求日益强烈。农产品与服务已经成为不可分割的整体。消费者支付货币所购买的已不仅仅是农产品实体本身，还包括与农产品相关的服务，包括售前、售中、售后一系列服务。服务质量的高低已经变成了消费者在购买农产品时的重要依据之一。

第三节　农产品营销渠道与营销策略

一、农产品营销渠道类型

（一）批发市场销售

农产品批发市场销售指的是在辐射广、影响力大的农产品专业批发市场建立的基础上，对农产品进行集中销售。

1. 批发市场销售的优点

批发市场销售不但具备销量大、销售集中的特点，而且可以让妥善加工、保鲜及储藏、快速集中运输的目标得以实现。

2. 批发市场销售的缺点

（1）部分农民经纪人在进行购销经营的过程中，一方面将收购价格压低，另一方面哄抬售价。这样既损伤了农民的利益，也会导致管理的混乱以及当地市场的价格信号失真。

（2）专业市场的信息传递方式较为落后，无法对市场信息进行良好地处理与分析。

（3）市场所配套的基础服务设施不够完善。

（二）销售公司销售

销售公司销售是借助区域性的农产品销售公司进行农产品的收购并对外销售。而农户与公司两者之间既可以维持买卖关系，也可采用契约界定的方式。

1. 销售公司销售的优点

能够让"大市场"和"小农户"的矛盾得到有效缓解。

2. 销售公司销售的缺点

（1）具备较高的风险，尤其是对凭借合同与契约来确定公司与农户关系的模式来说，具备较大风险的原因在于契约的约束性弱以及组织结构较为复杂。

（2）销售公司和农户之间缺乏有效的法律规范。

（三）合作组织销售

合作组织销售是借助区域性或综合性的社区合作组织来进行农产品销售，其中包括：贩运合作社、专业协会、流通联合体等合作组织。购销合作组织与农民两者之间的关系是共享利益、共担风险。

1. 合作组织销售的优点

既能够在一定程度上降低风险，又可以使"大市场"与"小生产"之间的矛盾得到解决；购销组织将分散的农产品集中起来，以此来为农产品的增值与再加工提供可能性。

2. 合作组织销售的缺点

（1）合作组织作为市场主体，普遍存在着缺乏有效法律身份的问题，这一点不利于对销售过程中产生的法律纠纷进行解决。

（2）合作组织还存在着普遍缺乏资金的问题，所以影响了其市场开拓力。

（3）合作组织自身在运行方面动力不足，导致决策的风险比较高，再加上农民加入该组织的自主性、意愿性不高。

（四）贩运大户销售

（1）贩运大户销售所具备的优势：良好的稳定性；销售大户的收益

由销量决定,这就使得"大户"具备较高的积极性,他们会千方百计来使销量保持稳定,如零售商分成、定点销售等。

(2)贩运大户销售所具备的不足:由于贩运大户的身份大部分是农民,因此,他们的销售能力不足,缺乏丰富的市场经济知识,同时他们自身面对着巨大的风险,如那些负责将农产品进行外运的大户,会碰到运输、行情、天气等很多方面的阻碍。

(五)农户直接销售

这种方式是由农户在农产品生产出来以后,运用自家的物力和人力,将农产品送往周边地区或其他地区进行售卖。

(1)由农户进行直接销售的优势:在销售方面上更具灵活性;这种方式由于免去了中间商、零售商以及经纪人的盘剥,可以让农民获得更多的利润,增加其收入。

(2)由农户进行直接销售的不足:销量会相对较小。倘若只凭借农户自己的力量来销售农产品,即便是农业生产的大户,也很难有很高的销售量,更难以形成规模效应;部分农民由于自身的卫生和法律意识较为淡薄,容易让城市社区对他们产生抵触心理。

(六)农业企业销售

农业企业销售就是农业企业把加工过或是自己生产出来的农产品向中间商或消费者进行售卖。

1.农业企业销售的优点

企业在拥有了品牌知名度后,便能够实现大于产品自身价值的超额价值。

2.农业企业销售的缺点

在品牌创建的初期,需要大量的物力、财力与人力的支出,这让众多规模小的农业企业无法承担。

二、农产品营销策略

(一)高品质化策略

人们对农产品品质的要求在生活水平提升的基础上变得越来越高,

因此，优质优价将成为新的消费趋向。产出优质的农产品，实施"优质优价"、高产高效的策略是实现农业高效的必由之路。要让选育、推广及引进优质农产品成为提升市场竞争力的一个关键的产品市场营销手段。将那些落后生产技术与劣质品种进行淘汰，通过优质的农产品来获得更高的利润。

（二）低成本化策略

价格是整个市场竞争中的有力法宝。相同品质的农产品，如果价格更低，其竞争力便会更强。想要让价格更具优势、竞争的策略得以达成，就要降低成本，因为价格的基础就是生产成本。实施"低成本、低价格"的策略，是提高市场竞争力的有力举措。在降低生产成本投入的基础上，增加领先新品种、新机械、新工艺、新技术，提高生产率；在农产品的经营上要坚持集约化、规模化生产，努力将单位产品的生产成本降到最低，通过低成本来支撑低价格，以此来实现更高的经济效益。

（三）大市场化策略

农产品的销售要从本地出发，同时，关注周边市场与国内外大市场，不断寻找销售的空间，抓住机会对空白市场进行开辟，努力抢占大额市场。在进行农产品市场开拓的过程中，首先，要树立大市场的思想观念，其次，实施产品市场营销策略，找准自身产品的定位，并与销售地的消费习惯充分结合，生产出能够满足销售地需求的产品。

（四）多品种化策略

生产品种所具备的多样化是由农产品消费需求所决定的，产品自身不但要具备多种品质，而且要拥有多种规格。在充分结合客户要求与市场需求的基础上，生产出适销对路且具备多种规格的农产品。实施小批量、大规模、多品种、多规格的策略，使多层次的消费需求得到满足，解决市场遇到的困难并对其进行全方位的开发，让产品的综合效益得到提升。

（五）反季节化策略

市场在需求方面的均衡性和农产品生产上的季节性之间的矛盾所产生的季节差价，带来了巨大的商机。将这个商机开发好、利用好的重点就在于实施"反季节供给，高差价赚取"手段。进行反季节的供给，可以采取三种方式：第一，采用设施化种养，达到提前让产品上市的目的；第二，利用储藏保鲜使农产品的销售期延长，让生产旺季销售变成消费旺季销售或生产淡季销售；第三，开发出能够适应各种季节的品种并进行生产，让多品种产品完成错季生产上市。大力推行产品市场营销的策略。在对市场的预期价格进行预测分析的前提下，完成好投入与产出之间的效益分析，努力达到更高的收益。

（六）嫩乳化策略

随着时代的不断变化，人们的饮食习惯也发生了潜移默化的改变，大家更加崇尚嫩鲜的食品。如把粮食当作蔬菜，吃蚕豆要选择青蚕豆，吃黄豆要选择青毛豆，吃猪要选择乳猪，吃鸡必须要仔鸡，等等。这方面存在很大的发展潜力，因此，生产者可以把握这种市场潮流，让产销方面与之相适应。

（七）土特化策略

近几年，消费者的需求倾向于土特产品，即便是蔬菜，也要选择野菜。为了迎合这一需求，市场要求将地方传统土特产品的开发工作做好，积极发展品质上乘的特产，生产出风味独特的土特产品，积极发展野生蔬菜。通过品质优良的产品提高市场竞争力，以此来迎合市场不断变化的需求。

（八）加工化策略

发展农产品加工是提升农产品的附加值与推动农产品市场营销的共同需要。目前，世界农业发展的新潮流、新方向就是发展以食品工业为主要内容的农产品加工。在世界上，发达国家所生产的加工品达到了其生产总量的90%，加工之后会增值2~3倍；而我国的加工品只占到了总量的25%，增值25%。这说明我国农产品加工还蕴含着巨大的潜力。

（九）标准化策略

在国际市场中，我国的农产品与国外农产品存在着很大的竞争，所以，为了使我国农产品竞争力更强，就一定要对农产品的生产经营实行标准化，尽快建立农业标准化体系。将农产品的产前、产中以及产后标准进行制定并完善，建立更加标准化的农产品体系，并通过标准化的农产品创立产品名牌，努力在市场中占据一席之地。

（十）名片化策略

第一，要通过质量创立品牌，不断提升产品的质量与品位；第二，通过外形树立品牌，在农产品的包装上进行美化；第三，通过名牌创立品牌，积极推行农产品的商标注册，打造更多的名牌与品牌；第四，通过名牌产品进行市场开拓，以势创牌，加大宣传力度，树立起良好的公众形象。

第四节 农产品网络营销新模式

一、网络营销的概念和特点

（一）网络营销的概念

随着因特网的普及和发展，电子商务也开始在经济领域逐步发挥其举足轻重的作用。伴随着电子商务的兴起，网络营销也越来越受到人们的重视。

在对网络营销作出确切的定义前，我们有必要先了解一下什么是营销。营销是个人和群体通过创造并同他人交换产品和价值以满足需求和欲望的一种社会管理过程。通俗地说，就是公司和顾客之间的交流，这种交流会影响顾客，使其购买公司的产品或服务。这里说的交流，不但包括对外的交流（比如广告和公共关系），而且包括市场调查、顾客群体细分、人口统计研究等活动。

网络营销是企业以现代营销理论为基础，利用因特网（包括企业内部网和外部网）的技术和功能，最大限度地满足客户需求，以达到开拓市场、增加盈利为目标的经营过程。简单地说，网络营销就是以互联网作为传播手段，通过对市场的循环营销传播，满足消费者需求和商家需求的过程。广义地说，凡是以互联网为主要手段进行的、为达到一定营销目的的营销活动，都能够称为网络营销。也就是说，网络营销是营销的最新形式，是由因特网替代了传统媒介，其实质是利用互联网对产品的售前、售中、售后各环节进行跟踪服务。它自始至终贯穿在企业经营的全过程，包括市场调查、客户分析、产品开发、销售策略、反馈信息等方面。确切地说，网络营销是企业整体营销战略的一个组成部分，是建立在互联网的基础上、借助于互联网特性来实现一定营销目的的一种营销手段。

为了便于更深刻地理解网络营销的内涵，我们有必要了解与网络营销概念相关的几个概念。

1. 数字营销

数字营销和网络营销之间存在着密不可分的关系，这两者在本质上是同一事物的不同方面。数字化信息技术作为互联网的基础，也被运用于数字营销所强调的营销的信息交流中。数字化是将声音、数据、图像、文本等转化为"比特"流，它通过许多的"0""1"组成代码，让信息传输的速度得到了飞跃式的提升。数字营销的核心内容是互联网，除了手段之外，它还改变了营销模式。在此模式中，消费行为被网络化，消费者也被虚拟化，而分销、调查、结算、广告等都能够转变成数字化的行为。

2. 许可式营销

许可式营销概念与网络营销概念的关系也十分紧密。"许可"的意思是要结合顾客的想法进行推销，不具备强制性。这个新概念是通过因特网对传播机制的改变而产生的。传统的大众媒体所采用的信息传播机制具备单向性、强制性；而因特网的信息沟通机制则与之不同，它是双向以及个性化、定向式的，获得用户的许可与同意是其最基本的准则，只有在征得用户同意后，才能遵循用户的要求向其发送指定信息。倘若用户在进行某网站的登录注册时，显示了房产信息的需要，网站便会持续地将海量的最新房产信息传送至该用户的电子信箱中,一直到其不再需要为止。

网络营销使我们把市场营销理解为"完整的价值提供过程,并超载公司内部传统的分工界限"。因特网加强了以下七种市场营销功能。

(1) 服务与产品营销:演示、伙伴关系、营销计划、分销、产品营销中心、定价以及其他市场策略相关活动。

(2) 销售达成:经过批发商完成订货和许可、购买以及顾客基本的论证,达成货品从卖方到买方分销商、销售代表与中介的整个过程。

(3) 促销与广告:通过传播、发展形象,来让品牌的说服性信息得到强化。

(4) 顾客需要与业务跟进:围绕测定顾客需求展开市场调查,以此来对业务是否满足市场需求进行评估。

(5) 顾客服务和支持:信息查询、技术支持、产品注册和保障维护服务。

(6) 公司宣传:产品以及消息报道、服务信息,对承包商、供货者、运输商、购买者、中间商和商务代表等进行的信息提供。

(7) 顾客沟通:信息查询与顾客反馈。

利用网络进行传输的市场营销就是网络营销的实质,网络营销立足于信息流,它让传统市场营销产生了本质上的变革。因特网把营销转向了信息经济的环境中,网络中的电子空间距离使得那些"时差"(时间间隔)的问题彻底消失。互联网由于自身具备公众参与性、开放性,导致对其进行关注的网络用户数量逐渐增多,网络营销的营销额和上网人数呈现出同步激增的趋势。企业可以通过 Web 制定自身的形象介绍主页,并对外发布多媒体的电子订单、虚拟产品清单以及在线的客户支持系统,让网络营销变成市场营销的新手段。

(二) 网络营销的特点

在低廉的联网成本以及发展成熟的互联网技术的基础上,互联网化作了"万能胶",把个人、团体、企业、组织跨时空地黏合在一起,让信息交换变得"唾手可得"。其中,组织与个人之间进行信息的交换与传播是市场营销中最重要、最根本的。倘若失去了信息交换,那么,交易就失去了根基。互联网正是因为该原因，所以具备了营销所需要的部分特性，也让网络营销表现出以下特点：

第一，跨时空。营销的终极目标就是占据市场份额，在互联网能够完成超越空间限制与时间约束的信息交换的基础上，脱离时空的限制完成交易也就成为可能。如此，企业便具备了更大的空间与更多的时间来完成营销，甚至可以每周7天、每天24小时不间断地提供全球性的营销服务。

第二，多媒体。互联网能够实现多种媒体信息的传送，如声音、图像、文字等信息。它不仅可以让交易中的信息交换环节通过多种形式存在并进行交换，还能充分发挥营销人员的能动性、积极性与创造性。

第三，交互式。双向沟通和供需互动是通过互联网的商品图像展示以及商品信息资料库提供的相关查询来完成的。通过以上方式，还能够进行消费者满意度调查、产品测试等活动。互联网给商品信息发布、产品联合设计以及各类技术服务创造了最好的工具。

第四，个性化。互联网中的促销方式是理性的、个性化的、非强迫性的、循序渐进式的，并且是由消费者主导的，它具备低成本和人性化的特点，免除了推销员强势推销造成的打扰，采用了交互式交谈，信息提供的形式和消费者之间达成了长期的、良好的关系。

第五，成长性。用户数量的暴增让互联网得到了飞速成长并遍布全球，其用户大多具备受教育程度高、年轻的特征，因为此类人群具备很强的购买力和市场影响力，所以成为一个开发潜力巨大的市场。

第六，整合性。互联网的营销过程从商品信息、收款到售后服务非常连贯，它是一条全程的营销渠道。除此之外，企业能够通过互联网对各类传播营销活动进行统一调配实施与设计规划，最后以统一的形式将资讯信息传递给消费者。这样一来，就能消除不同传播中的不一致性所造成的消极因素。

第七，超前性。互联网具备电子交易、促销、互动顾客、渠道服务以及所提供的各种功能和市场信息的分析，所以它是一个功能强大的营销工具。特别是它的一对一营销能力，与定制营销的未来趋势非常相符。

第八，高效性。计算机能够储存海量的信息以供消费者查询，其凭借着传送的信息数量与传送的精确度，远远超过其他媒体。它可以结合市场的需求，进行及时的价格调整或产品更新，所以它能有效并及时地了解到顾客的最新需求并将其满足。

第九，经济性。在互联网的信息交换替代以前的实物交换之后，带来了两方面的影响：一是降低了邮递、印刷的成本，无店面销售的模式在免除了租金支出的同时，也能节约人工和水电成本；二是能够降低由于多次交换所产生的损耗。

第十，技术性。网络营销是以技术支撑下的互联网为基础的，因此，企业在实行网络营销的过程中，必须具备一定的技术支持与技术投入，让信息管理部门的职能得到提升，大力引进懂技术和营销的复合型人才。

二、网络营销与传统营销的差异

（一）网络营销与传统营销的差异

1. 网络营销与传统营销在环境方面的差异

第一，市场环境的变化。在信息时代下，互联网逐步普及，市场开始转移到网上，开始从现实走向虚拟。

第二，媒体的改变。互联网成为一种新兴媒体，逐渐占领了电视、报纸、广播等传统媒体的位置。

第三，消费者不同。目前，消费者的消费倾向开始由大众化消费向个性化消费转变。

第四，营销职能的不同。在现行的网络营销中，顾客变成了"兼职雇员"，他们由从前的被动变为主动，因此，成为营销活动中不可或缺的合作者。

2. 网络营销与传统营销在游戏规则方面的差异

第一，网络社会中的竞争优势主要来自维护与吸引顾客的能力，而不是垄断的技术。

第二，利用降低成本来增加自身的竞争优势。运用互联网能够使传播成本、运作成本以及流通成本得到显著降低。

第三，用虚拟过程来消灭库存。"零库存"在传统营销中很难实现，但在网络营销中通过再造通路、物流、供应链的流程却是比较容易实现的。

第四,网络营销赋予顾客新的含义。顾客在网络营销中不仅充当营销的对象和目标,还亲身参与到营销中,成为参与者甚至控制者。

第五,传统的与顾客沟通和建立关系的方式不复存在。和顾客打交道全部在网络上进行,面对面的交流被取代。

(二)网络营销相比传统营销的优势

第一,网络营销作为一种营销方式,强调个性化,以消费者为导向是其最大特点。消费者能够摆脱时间与地域的限制,根据自己的需求、个性,在互联网的所及之处去寻找自己想要的东西。消费者还可以查询更多的产品信息,从而使自己的特殊消费心理得到最大程度的满足。

网络营销的这种个性化方向要求厂商重新考虑其策略,一定要把消费者的个性需求作为提供产品和服务的出发点。企业可以将大量的信息以数字化的形式置于互联网上,用极低的成本将其发送并结合所需进行及时修改。如此一来,既达到了节约成本的目的,又能够结合消费者所反馈的信息对营销的方法、目标进行及时调整或提供有针对性的服务。

第二,网络的互动性使得全程营销成为可能。不管是传统营销的4P组合,还是网络营销所追求的4C组合,都离不开一个前提,那就是企业必须从产品的开发阶段就要充分考虑消费者的需求,即进行全程营销。但从目前来看,由于缺乏与消费者沟通的有效手段或沟通成本过高,企业通常在了解消费者各种潜在需求方面缺乏足够的资金,因此,只能通过参照市场领导者的策略或自身的能力对产品进行开发,而消费者也只能就成品提出意见和建议,触及不到产品的研制或规划。

网络的出现为这个问题的解决提供了一个十分方便且有效的手段。通过互联网,企业可以用很低的成本对营销的全过程进行调查,消费者能够对产品从设计、定价到服务等各环节的问题提出自己的意见。双向互动的沟通方式,不仅能使消费者的积极性与参与性得到提升,更重要的是,它还可以让企业的决策更具针对性,从根本上使消费者的需求得到满足。

第三,网络营销为消费者购物提供了极大的便利,消费者的购物效率得到了同步提升。如今,在现代都市里生活的人们大部分都有过上街购物的经历,日益丰富的货架,琳琅满目的商品确实给人一种充实感。

但随着生活节奏的加快，人们不再去追求货比三家的实惠、讨价还价的快感，而是要充分考虑时间的价值，一个简简单单的购物却需要经历挑选、付款结算、包装、取货等几个步骤，再加上购买的路途花费及等待时间，消费者为购买商品所付出的时间和精力是无法衡量的。其实，当代人更注重闲暇时间，希望利用闲暇时间进行一些有益于身心的活动，所以外出购物的时间就越来越少了。

网络的出现给人们购物提供了另一种形式。在这里，购物不再是一种时间的流逝方式，而成了一种消遣的方式。在这里，你可以尽情浏览五彩缤纷的商品，同时可以完成你的交易。互联网不但简化了购物过程，而且还拥有有些传统购物中所享受不到的购物乐趣。首先，网络在售前给消费者提供了许多产品的信息及相关资料，消费者可以足不出户而货比三家，通过合适的性价比来选择自己所需要的商品；其次，消费者不必再去体验交通堵塞和人满为患的痛苦，也不用再为不能送货上门而烦恼，网络可以为消费者解决这些问题，消费者只需轻点鼠标，就可以静等货物进家门了。

总而言之，网络营销使购物环节得到了简化，减少了许多购物过程中会出现的阻碍，从而节省了消费者的精力和时间。

第四，网络营销能够让消费者拥有更加划算的价格。同样，在企业方面，网络营销也帮其省下了巨额的流通费用与促销费用，大大降低了生产成本，因此，产品在价格上具备了较大的下调余地。消费者甚至能够在全球范围内获得最划算的价格，这也让企业在价格上产生了更加激烈的竞争。

为了让自身需求获得最大程度上的满足，消费者对新的便捷购物方式与服务的需求变得更加迫切。消费者的价值观革新离不开网络营销，而网络营销也在一定程度上对消费者的需求进行了满足。

三、农产品网络营销的对策

（一）在生产环节，实现农业生产的标准化

为了让农产品生产的标准化最终得以实现，互联网+农业需要在生产环节上加大努力，让农业完成彻底改造，使农业更加精准化、自动化、

可追溯，降低生产、人力成本。互联网技术能够借助于各种无线传感器对农产品生长状况以及农业生产地的温度、湿度、光照等参数信息进行实时采集，再进行进一步整合、汇总，最后，利用智能系统进行定量、定位、定时的处理，更加准确、及时地对农业设备的开关进行指定遥控，从而让"智能化农业"得以真正实现。

（二）在流通环节，创建廉价且高效的销售入口

推动农产品信息平台的建设，大力发展农村电商与智能农业，电商销售不仅使本地产销企业的本土优势得以充分发挥，还能够让用户舒适便捷、足不出户地买到自己想要的产品。电商这种新的销售模式成为推动本土农产品达到优质优价的目标的高效手段之一。此外，还能够通过各类社会化媒体、通信工具为农产品提供更方便的营销入口，如QQ、SNS、微博、微信等全部都是免费的可利用资源，并且营销的成本非常低。

（三）在经营环节，利用互联网升级农产品经营模式

互联网农业的营销策略将市场细分的理念运用得非常到位，通过大数据对客户进行精准定位，从而免去了泛化营销；通过频繁自由且无障碍的互联网沟通工具，完成与客户的紧密互动，让产品质量得到不断提高；互联网平台从根本出发，对销售和农业生产的关系进行了改变，通过大数据掌握消费者的需求，并结合消费者的实际需求进行农产品的生产与销售，从而达到农产品的零库存。互联网农业由生产商转型成为服务商，让市场、农民与消费者之间实现紧密融合。"酒香不怕巷子深"，农业已然走进了营销新时代，互联网思维体现在了农产品的生产、加工、渠道、包装等环节，能够让小规模生产问题得到解决。而"互联网+"给农产品带来的颠覆性价值中不仅包含了渠道的补充，还包括了帮助企业更快地理解、接近自身的消费群体，更有针对性地满足消费者的深层心理需要，从而持续为企业带来巨大利润以及提高其品牌知名度。

（四）在配套环节，用互联网来提升农村农业金融服务

想要让农业经营更加智能化、信息化、规模化和现代化，就需要投

入更多的资金，而我国的农村金融服务无法让农民的需要得到满足。目前，我国的互联网农村金融服务主要集中于两个方面：一是小额信贷。零售、餐饮、养殖等小规模经营者是农村信贷的主要服务对象，所以信贷的额度小，资金相对分散，但其借款人比大额信贷的资金安全更能得到保障。小额贷款在农村互联网模式中是借助互联网聚集投资人、借款人，再进一步通过相关风险控制体系对其进行筛选，使其完成对接交易的O2O模式。二是农业保险。我国当前的商业保险公司对农业保险的拓展积极性比较低，该保险的险种也较少，主要原因在于农业生产经营风险相对较大，且保险赔付率偏高。而赔付率偏高这一问题，可以通过互联网的大数据分析与信息采集进行改善。

（五）在人才培养环节，可以吸纳新知

让农民变成支持农业的中坚力量，运用互联网思维及技术，使具备新知识的农民进行投资创业，并运用互联网技术达成农业产供销全过程的追溯，从而打造出真正意义上的现代化互联网农业。总的来说，互联网知识技术承载着互联网思维，渗透于农业经营的每个环节，能够让传统农业的产业链得到逐步升级，在不断提升农产品价值的同时，摆脱了传统农业中的各种弊端，最后成功转型为新型"互联网农业"。

第七章　农产品电子商务

第一节　农产品电子商务概述

一、农产品电子商务的基本概念

所谓电子商务，是指在互联网上开展商务活动，所以一般将电子商务定义为利用网络和数字化技术从事的商业活动。电子商务专题报告认为，电子商务由贸易活动组成，指通过电信网络完成的原材料查询、原材料采购、产品展示、产品订购、产品出口、产品储运、电子支付等生产、营销和流通过程，是一切使用电子信息技术所进行的创造商机、解决问题、增加价值与降低成本的商务活动的总和，而不仅仅指在互联网上进行的交易。

农业包括渔业、种植业、林业、畜牧业和农业服务业，农产品的观念与农业的观念联系密切。农产品包括了农业各部门的产品和它自身的初级加工产品。当农产品称为交易的对象，我们将电子商务系统全面导入在农产品生产、销售、初级加工与运输过程中，就形成了农产品电子商务。农产品电子商务作为一种业务活动，利用所有信息基础设施进行与农产品的产前、产中、产后相关业务。

在农业部门开展农产品电子商务就要利用信息手段，将电子商务系统导入农产品生产和流通过程中，事实上，这是将现代网络技术、信息技术与以往的农产品生产贸易相结合。生产前，要想生产适合市场的产品，就要通过信息设备搜集最前沿的需求信息，了解市场的发展趋势以及动态，利用收集到的市场信息对生产进行决策；生产中，及时掌握农产品生产的各种信息来对生产过程进行指导，并利用标准化来规范生产过程；交易中，买卖双方的洽谈咨询、电子合同的签订都可以在电子商务平台上进行，还可以选择通过网络进行电子支付；产品运输中，一切运输过程都可以选择电子商务物流系统来对其进行监控。农产品电子商务的开展可以降低所需成本，提高生产效率，对农业价值链进行改善，将农产品的市场范围加以扩大，不断地提升农产品自身的竞争力。

二、农产品电子商务的交易特征

近几年，越来越多的人开始使用网络购物，人们的消费结构发生巨大变化，在消费者绿色食品需求旺盛以及政府部门高度重视等多种因素的共同驱动下，我国农产品电子商务呈蓬勃发展态势。在促进流通、便利消费，特别是在推动农业转型升级方面发挥了重要作用。目前，我国农产品电子商务主要有三个特点：

（一）我国农产品电子商务平台和模式不断创新

产地+平台+消费、地方特色馆等创新模式不断涌现，网上销售与实体体验相结合的O2O模式成为创新亮点。

（二）我国农产品电子商务交易规模快速扩大

平台模式不断创新，一些网络宽带、冷链物流、配送等基础设施的加强，加快了农产品电子商务的发展速度。

（三）我国农产品电子商务作用日益明显

作为新型的流通创新模式，农产品电子商务在促进流通、改变农业发展方式等方面发挥了重要作用。一是降低了流通成本。农产品电子商务使传统的零售环节大幅减少，相应地，交易场地、储藏、运输、人工、损耗等成本大幅降低，总成本可降低30%以上。二是缩短流通时间。农产品电子商务使得多种农产品货物的集散、包装、储存、运转等环节减少，流通时间可减少 50% 以上，保证了农产品的鲜活度。三是优化物流资源配置。农产品电子商务运用产地到消费者最优物流传递，最大限度节约了社会物流资源，物流成本最多可以降低 30%。四是改善信息传递。农产品电子商务在流通过程中减少环节，信息产量及时准确，使得卖方可以及时找到销售渠道，买方可以及时找到需要的农产品。通过电子商务平台的互联、大数据分析等手段，还可以有效地引导农产品生产，促进订单农业的发展。五是对构建现代流通体系意义重大。电子商务模式使农民在农产品价格形成中，拥有更多的话语权，将有利于打破农产品有形市场的供应格局，扩展全国乃至全球市场，对扩大农产品的影响力和竞争力发挥积极作用。

我国农产品电子商务虽然取得了较大发展，但摆在我们面前的困难还不少，如农产品生产经营产业化、标准化程度低，农产品物流配送成本居高不下，平台运营能力有待提高，农产品电子商务人才匮乏，等等。

三、农产品电子商务的作用

电子商务的价值不仅体现在作为一种新的贸易形式上，还体现在高效率、开放性、低成本、全球性等特点上。它不受时空的局限，将丰富的信息资源提供给人们，这不但对个体的生产活动、经营活动与管理活动十分有利，而且为各种社会经济要素提供了更多的重新组合的可能性，将对一个产业的经济结构和布局产生影响。

农产品电子商务就是将电子商务系统全面导入农产品销售的各个环节中，利用信息技术收集和发布价格、供求等信息，并通过网络媒介，借助物流配送系统和农产品生产基地，实现快速、安全、便捷的货币支付和农产品交易。我国农产品发展电子商务不但有其紧迫性、必要性，而且其产生的效益有着巨大的潜力。这是由于我国具有粮食产量多、经济欠发达与信息发展滞后的特点。

（一）电子商务可以使落后地区的粗放经济更为集约化

电子商务将新的生产力作为前提，从生产方式上解决粗放的问题，将其集约化。人与企业、企业与企业、人和人之间的联系通过电子商务变得越来越紧密，而电子商务的开展借助以网络为基础构建的各种商务平台，这些平台通过有关信息进行自我加强与丰富。许多客户关系型的行业在利润的驱动之下出现在互联网上，并且由于利润的上涨通常会形成高度集约化的企业。

（二）电子商务可以使经济粗放地区的交易费用更为节约

互联网的成本较低，作为电子商务的技术特征，不会因为社会化程度的提高而增加流通过程中的成本耗费，相反，会随着交易地域的扩大而降低其成本。电子商务的吸引点就是减少中间环节以及交易成本。具有信息化水平较低、交易费用较高特征的农产品行业，正好与电子商务相契合，发展农产品电子商务的前景非常广阔。

（三）传统农产品突破生产的时空限制的需要

由于地质地形的原因，导致交通不便、消息闭塞、信息不灵，这使得当地的资源无法输出，产销脱节，而卖不出去的农产品不被社会所认可，就失去了自身原有的价值。同时，农产品的产销过程透明度低，环节多而复杂，交易市场中买卖主体众多，而集中度较低，交易信息对称性较差。电子商务的出现，对我国偏远地区有重大意义，尤其是信息闭塞、交通不便的西部地区。电子商务的交易不受时间、地点的限制，十分适合分散的买卖主体通过网络来进行交易。电子商务与农产品相结合，可充分利用其全球性与开放性的特性，将每一位上网群体都变成目标顾客，使农产品的生产成为一种全球性的活动，这可以解决生产过程中存在的增产不增收问题，扩大农产品市场的空间，并且提供给农民更多的贸易机会。

（四）创新交易方式，规避农产品价格波动风险的需要

农产品作为一种商品，其需求弹性较小，但供给弹性较大，并且农产品的生长需要一定的周期，一旦在生产初期确定了本期农产品的生产规模，那么在生产过程中一般就不能改变。因此，就产生了经济学中所描述的蛛网理论形态，本期的价格受本期的产量的影响，市场的变动只会影响下一期的产量。根据蛛网理论，当商品需求弹性小于供给弹性时，

产品价格的稳定性越来越差，产量与价格的上下波动越来越大。社会的稳定受农产品价格的稳定的直接影响，除了采取必要的政策措施来保证这种稳定外，还应该进行农产品电子商务。通过一种新的方式让农产品的生产者及时掌握生产信息，并依据市场进行合理的生产，以免出现由于价格和产量的巨大波动而造成的不稳定。

此外，作为农副产品（如水果、蔗糖）的主产区，我国在加入WTO后，面临的形势十分严峻。我国农产品电子商务的大规模开展，有益于农户运用更高级的方式（如期货交易）来降低国际市场的冲击，进而有效地与农产品价格波动带来的风险进行对抗。世界上一些发达国家如日本、美国的农场主进入期货市场的交易中，他们利用期货市场的两大功能来保护自身的利益，分别是价格发现与套期保值。后者可以用来避免因农产品价格波动而带来的风险，并且通过期货市场，了解预期性与权威性的农产品期货价格信息。这对农产品的产销有着重大的影响。但由于我国目前地少人多的现状，还不具备农民直接进行相关的远期合同或期货交易的条件。但目前市场风险在不断加大，国际市场竞争越来越激烈，农业生产者迫切需要规避农产品的价格风险的方法。这时，可以通过建立网上交易市场，将农产品加以集中，并及时汇集和发布相关产品的价格信息，为农产品产销决策提供参考帮助；也可以通过网络电子交易，集中原本分散的套期保值需求入市操作，避免农产品的价格波动带来的风险，稳定农产品的产销。

第二节　农产品电子商务的发展

一、农产品电子商务的产生和发展

（一）电子商务的产生条件

20世纪60年代，电子商务形成；90年代，电子商务逐渐发展起来。电子商务的形成与发展离不开以下几个方面：

（1）计算机的普及应用。近年来，随着科技的进步与发展，计算机的处理能力越来越强，处理速度越来越快，其价格也在不断降低，使其在人类社会得以更加广泛地应用,为电子商务的形成与发展创造了良好的基础。

(2)网络日益成熟和普及。互联网现已成为全世界交流通信的重要媒体,各国之间利用网络进行交易早已屡见不鲜,全世界范围内的互联网用户数量飞速增长,网络的安全、便捷、成本低廉等优势为发展电子商务提供了有利条件。

(3)信用卡的广泛应用。信用卡具有快捷、方便、安全等多种优点,现已成为人们重要的消费支付方式。随着信用卡的推广和发展,相应地,全球性信用卡计算机网络支付与结算系统日益完善,"一卡在手,走遍全球"逐渐实现;同时,信用卡是电子商务活动中的重要支付方式,对电子商务的发展有着很大的促进作用。

(4)制定电子安全协议。电子安全协议指电子安全交易协议,该协议出台后,得到了大量厂商的认可与支持,为电子商务活动在互联网上的开展创造了更加安全有保障的环境。

(5)政府的大力支持与鼓励发展。面对电子商务这一快速成长的新生事物,政府给予高度关注,政府出台相应的政策鼓励支持电商发展。政府对电商的扶持不仅对电商的发展起到了推动作用,对互联网电商平台网站建设事业的发展同样起到了不可忽视的作用。电商平台网站建设要不断创新,技术上要不断提高,服务上要不断改善才能顺应电商时代的发展。

(二)农村电子商务的产生条件

我国的信息基础设施建设速度喜人,框架结构的建设已基本完成,为我国农产品方面的电子商务发展奠定了坚实的基础。中国电信的数据通信网络逐渐在全国建成开通。

(三)农产品电子商务发展过程中的问题

1. 农业信息化基础设施薄弱,体系不健全,服务信息不通畅

在我国,城镇的互联网普及率远远高于农村,农村网民的农业管理技术与规范化水平还有待加强,虽已初步形成了收集和发布农业信息的格局,但在开通农业信息渠道,分析、加工和利用农业信息以及培育农

业信息市场方面还可以进一步提速，特别是农产品存储、运输及包装市场与农业信息服务市场等目前仍处于初级发展阶段，尚未形成完善的农业信息化体系，具有很大的开拓空间。农业信息服务方面还有待进一步建设。另外，受农村信息化基础设施和农村经济建设进程的影响，农民对电子商务与信息技术的关注不足，导致农业电子商务发展缓慢。

2. 农业受自然条件影响大，标准化体系不健全，缺乏产品标准化

受自然条件影响，社会对农产品的需求有很大的不可预知性。农产品的生产者与生产区域通常比较分散，农产品的存储方式、存储时间等都有一定的要求，农产品虽然品种繁多，但是其附加值有待提高。另外，如何集中农产品进行统一加工和销售，提高农产品的标准化程度，加快现代农产品生产产业化和流通现代化进程是我国亟待解决的重要问题，这一问题的解决有利于促进我国农村电子商务的进一步顺利发展。我国农业标准化体系建设主要包含国家标准、地方标准、行业标准以及企业标准，以国际农业产品质量体系为目标的我国农业产品质量标准体系仍处于建设中。农产品电子商务为了使各方的交易更加便利、有保障，要求农产品在网上交易前，要做到品质分级标准化、产品编码化、包装规格化。

3. 缺乏高素质的农产品电子商务人才

农业的发展需要农业网络化人才，但我国农业的实际操作技术人员数量有限，大量相关科研人员集中在各大高校及研究机构、企业中。我国农业专业人才毕业后，大部分从事相关科研工作，或投身于教育事业中，只有很少一部分人才进入农村，成为发展农村电子商务的指挥者甚至领导者，但对农村电子商务发展和进步的作用十分有限。然而，无论是建设与维护农产品电子商务网站，采集与发布农产品信息，还是分析与反馈市场行情，都要依靠专业人才来进行。只有熟悉农业经济运行规律、精通网络技术的专业人才，才能有效收集与梳理农业方面的网络信息，帮助农产品经销商准确、及时地解读相关市场信息与政府政策，对市场形势进行准确地分析和判断，解答用户的各方面疑问，才是建设农业信息网络的主力军。

4. 交易主体电子商务观念滞后

农民、农业企业、农产品经营者、中介机构是农产品电子商务的交易主体，他们对电子商务的认知对发展农产品电子商务有着直接的影响。在

农民看来,将产品售卖出去是交易的根本目的,然而,电子商务在农产品交易方面的巨大商机不仅于此。大部分涉农企业因担心电子商务的投资周期、投资风险、网络维护等,对农业电子商务持怀疑观望的态度。

5. 纯农业网站较少,利用率较低,缺乏宏观指导性的农业信息

涉农网站中只有较少的网站是纯农业网站,这些网站利用率通常不高,相应地,农业信息服务体系亟待建设。各种类型的农业网站通常只展示一些农业信息,很少有生产决策、分析类的信息。这些网站上的农业信息大多不具备宏观指导性,内容基本相同,信息的实用性与专业性不强,且分布不均,因此,更多地区的农民无法从网站中获取周到、全面、符合需要的农业信息服务。要想将农业电子商务的潜力充分发挥出来,必须建立起一个规范、高效的信息数据库系统和规范、全面的农业网站。

6. 农产品物流配送体系不健全

在发展农业电子商务的过程中,现代物流配送体系的建立至关重要。我国农产品电子商务活动要想实现物流配送,不仅需要使用质量很好的存储保鲜设备,还需要一定规模的人力资源、运输设备及大量的资金支持,目前只有少部分实现了现代化物流配送。我国现有的农产品电子商务大多是基于批发市场发展起来的,亟待建设现代的物流配送体系。

(四)农产品电子商务发展过程中出现问题的解决办法

1. 统筹规划设计,有序推进发展

将促进电子商务与农产品实体交易有机融合作为规划发展的方向,以东部带动西部,以零售带动批发,以城市带动农村,以高端带动低端,推进农产品电子商务示范培育工作的发展进程,力求率先突破重点地区、重点环节以及重点品种。

2. 完善制度,规范发展秩序

推进建设电子商务法律法规的进程,规范网上交易、电子支付、信息发布、纠纷处理、物流配送、信息服务等服务,依法打击销售假冒伪劣商品、商业欺诈、不正当竞争、发布虚假违法广告等,尽快完成农产品标准的制定。

3.加强配套支撑，优化发展环境

鼓励规模化、专业化的第三方物流企业快速发展，对农产品冷链物流的发展提供重点扶持。进一步建设农产品绿色通道，加快支持物流企业发展的各项税费政策的落实，鼓励保险、金融、认证、信用、支付、统计、检测、人才培育等各项服务协同发展。

4.线上线下结合，突破关键约束

促进农产品电子商务模式的多元化发展，如特色品牌营销型、县域服务驱动型等模式。在现有实体经营网络的基础上，鼓励农产品流通企业充分利用传统销售渠道，探索开展各类农产品电子商务活动，并将网上支付、下单与实体经营场所的考察和体验相结合，解决交易主体之间标准不统一、信任度低等问题。

5.开展农村商务信息服务

在常态化购销对接过程中，全国农产品商业信息公共服务平台应充分发挥自身的作用，与批发市场、大型连锁超市和电子商务企业形成良好的合作关系，加大农产品流通幅度，使"卖难"的问题得以有效缓解。

二、农产品电子商务的发展特点

站在实践的视角看我国农产品电子商务，可以发现，其业务特点主要有初级、中级、高级三个层次。初级层次主要为提供相关的网络信息服务，以保证农产品交易活动的顺利开展。许多企业利用网络设计了农产品黄页，并利用网络平台将产品信息及企业信息发布出来。一些大型农业集团建立和使用的通常为超大现代农业网站，而个体农户和小企业则大多通过各类农产品信息网完成信息发布。达到中级层次的网站不仅会发布各种农产品方面的供求信息，还会向用户提供各种有用的在线交易方式，如委托买卖、网上竞拍、网络竞标等。交易双方可以通过互联网直接联络想发展合作关系的运输公司，但交易仍未实现网上支付。目前，资金支付仍采用传统的银行汇款或邮局扣款的方式。高级层次的农产品电子商务活动不仅可以通过网络发布农产品和在线交易农产品，还使网上支付交易货款成为现实，是完全意义上的电子商务。

三、农产品电子商务的发展趋势

农产品电子商务当前呈现区域化、个性化、移动化、专业化四个发展趋势。

中国农产品电子商务当前的发展前景良好。第一，外部宏观环境有利。我国重视"三农"问题，重视电子商务和信息化发展，并给予了一定程度的政策支持，如农村农业部出台相关政策支持农业信息化发展，国家发改委重视并积极推动农产品批发市场信息化建设等；经济全球化发展为我国农产品电子商务的发展起到了强大的推动作用。第二，需求促进农产品市场不断发展，自我创新。生产是产业发展的基础，市场与流通是产业发展的关键。农产品流通对农村与农业经济发展、农村稳定、农民增收具有重要影响。从流通环节上看，要想解决农产品售卖难，农产品区域性、结构性和季节性过剩的问题，应先从以下两点入手：①向农村、农民提供最新的农产品信息资讯，引导农户理性种植售卖，建设并不断完善市场信息形成机制，改善农村信息传播手段，向农户提供专业的市场信息分析与指导；②发展多元化农产品交易形式，规范农业交易市场，发展与建设现代化的大宗农产品交易市场，鼓励现货交易采用一对多的模式，鼓励农户尝试期货交易、远期合约等多元化交易模式。

互联网技术的发展极大地推动了我国农产品的流通。从传统手对手交易农产品的交易模式到整合各类资源，利用快捷、先进的技术搭建科学的农业信息应用平台，借助互联网交易农产品，极大地提高了我国农业的竞争力，改善了我国农业发展价值链。农产品电子商务的发展不仅改变了传统的农产品流通方式，还对传统农业经济做出了革命性变革。首先，农产品从生产到市场销售的整体过程的流通速度在一定程度上受其特点的制约，网上市场要求农产品规范化、标准化，这有利于提高农产品品牌的核心竞争力；其次，网络交易透明、公平、公开，市场中农产品的供求关系可以通过农产品的成交价格反映出来，广大农户与政府各级主管部门可以此为依据科学安排生产，实现以销定产；最后，网上交易平台以原有传统农产品交易市场为基础，是传统农产品市场在网络上的延伸，不仅促进了交易主体的多元化发展，还为商家创造了更多的商业发展机会。

第三节 农产品电子商务支撑体系

一、农产品电子商务质量控制体系

电子商务作为农产品贸易的新形势，不仅能推动农产品销售，解决农产品"难买""难卖"的问题，还有助于形成科学的销订模式，切实保障农民收益。随着社会的飞速发展，人们的生活水平越来越高，人们对质量的要求也日益提高，农产品质量安全对农产品电子商务发展的重要性不言而喻。与传统的贸易方式相比，采用电子商务模式交易农产品时，应将质量安全监管环节适当前移，从生产源头开始牢牢把握农产品质量，进而保证在电子商务模式中交易的农产品具有安全可靠的质量品质。在农产品质量安全标准方面，电子商务的需求如下：

（一）电子商务对农产品安全标准与监管的需求

《中华人民共和国食品安全法》颁布后，我国对食品安全标准进行了整合，在传统的农产品销售模式中，在我国政府相关部门对市场的严格监管下，消费者购买的农产品质量相对安全，但由于电子商务模式缺乏有力的政府监管，行政系统外的一些资质认可如产地认证等对农产品质量安全具有重要的鉴别和保障作用。《中华人民共和国食品安全法》《食品安全国家标准管理办法》中也对技术机构、认证机构、协会等非行政部门在食品质量安全方面的作用进行了强调，体现了法人、其他组织以及公民的参与权。在电子商务模式中，农产品质量安全对非行政机构表现出较强的依赖性，因此，在农产品电子商务模式中，应制定健全的食品安全标准和监管制度，建立标准化的交易程序，以保证非行政机构认证农产品的过程与结果的科学性与合理性。

（二）电子商务对农产品等级规格标准的需求

为保障网上交易的公平合理，电子商务对交易的农产品提出了以下要求：产品编码化、包装规格化以及品质分级标准化，另外，还要求农产品自身有品牌。目前，很多网站尝试从多个方面对农产品进行标准化处理，如制定农产品类别标准，设置农产品分类，并依据该标准进行分类收购，但农产品现有生产经营模式大多比较粗放，非标准化的试验性产品居多，品质指标繁复冗杂，这无疑是农产品标准化亟待解决的重要问题。我国地域辽阔，农产品也有着十分丰富的种类，地方与农业行业不断推出多种产品与等级规格标准。农产品等级规格标准不但能促进产销衔接，加强流通引导生产的效用，而且对于规范市场流通、引导农业生产具有重要作用，但现有的等级规格标准无法简单、精准地描述出当前电子商务中的农产品性状特点，商家因此更愿意向网站中上传自有图片，通过图片展示农产品的性状与规格。地方特色产品因其独特性与良好的品质普遍受消费者青睐，因此，成为网络销售成绩最好的农产品之一，但地方特色产品大多缺少相关的等级规格标准、产品标准等地方标准及农业行业标准。目前，等级规格类标准、产品标准均被列入农业行业标准的清理范畴中，今后将不再重点制定。在我国标准体系建设中，企业标准是一项重要的内容，当产品的等级规格与品质标准难以统一时，使用企业标准可以对产品进行合理地划分。在电子商务模式中，企业标准在规范管理农产品质量安全方面的作用应充分发挥出来。

（三）电子商务对农产品地域性特色产品标准的需求

具有独特风味或品质的地域性特色产品在电子商务模式中取得了良好的销售成绩。我国地域辽阔，物产丰富，如宁夏枸杞、新疆哈密瓜、杭州龙井茶、常山胡柚等特色农产品种类繁多，目前，我国有高达441项地理标志产品。地理标志产品经过一定的网络宣传后，更容易被消费者认可和青睐；而地理标志产品的评定与认证，对我国农产品的品牌化建设也起到了很大的促进作用。浙江省以自身气候资源在农产品生产方面的优势进行了农产品气候品质认证，目前已先后完成了杨梅、茶叶、水稻、葡萄等8类49个批次农产品的认证，不仅提高了农产品的附加值，还有效提高了认证农产品的市场竞争力。无论是气候品质认证，还是地理标志产品认证，都能推动我国农产品的品牌建设。在有关管理部门和当地政府的宣传推广下，地域性特色农产品的各类标准与相关认证相结合，能有效提高农产品的品质安全。

（四）电子商务对农产品生产技术规范的需求

粗放经营是我国农产品传统生产模式下的主要形式，不合理的种植方式、生产过程中滥用化肥、农药，不仅破坏了生态环境，更对农产品质量安全造成了不良影响。借鉴农业发达国家的相关经验，对生产过程进行严格把控管理，建设农业标准化示范区，全过程实施标准化生产，不仅能加快我国传统农业升级转型的进程，而且有利于有效提高农产品的质量安全。政府应将电子商务模式中监管农产品质量安全的环节适当前移，重点确保生产基地生产的产品质量安全，并对农产品进行有机、绿色或无公害认证，从而保障农产品的质量安全。

（五）电子商务对农产品物流标准的需求

在电子商务模式中，物流是衔接消费者与农产品供应商之间的纽带，物流标准包括收购、运输控制、仓储、配送四个方面的标准。在农产品电子商务中，物流环节对农产品质量的影响非常关键，尤其是生鲜类食品更是如此。电子商务农产品流通不仅要求物流使用各种运输方式（包括冷链运输）时控制一定的运输条件，确保产品的品质、外观及微生物水平都处于标准范围内，还要有很高的标准和很快的运输速度。生鲜类产品对物流标准有着更严格的要求，各大电商平台目前正对此方面的电子商务进行大力研究，以提高生产标准，加快物流标准化进程。

（六）电子商务对农产品溯源的需求

农产品溯源能有效保障农产品的质量安全。通常情况下，电子商务模式中的交易双方是陌生的，因此，通过溯源来保障农产品的质量安全十分必要。与传统农产品销售相比，电子商务交易流程更简捷，环节更少，实施溯源手段相对更加容易。目前，我国相关部门先后在水果、蔬菜、水产品、肉类等方面建设了溯源系统，借助条码无线射频技术可以追溯到农产品的生产基地。信息技术为溯源系统的建立提供了有力的支持，而电子商务也是基于信息技术产生和发展的，因此，电子商务可以与溯源系统相结合，实现农产品的溯源。

二、农产品电子商务物流体系

农产品电子商务实质上就是通过互联网的实时连接和交流功能使农产品的生产、流通、营销实现一体化发展。买卖各方都可以通过电子商务，在互联网中查询到自己需要的产品、原材料等信息，订购所需产品，卖家可以通过网络展示自家的产品，完成网络宣传、销售等。农产品电子商务要求建设和不断完善高速、高标准、高质量的物流配送体系，并充分发挥该体系的重要作用。我国农产品电子商务物流配送体系现状主要表现在以下两点：

第一，电子商务的相关知识在农民中的普及程度不高，因此，农产品电子商务的推广与应用比较困难。信息技术的发展将会促进网络在我国社会各个领域中产生越来越大的影响力。

第二，农产品电子商务网站还有待完善。近年来，我国政府一直鼓励农业信息化建设与发展，不断建立起各种农产品电子商务网站，大大地促进了农产品的流通。但这些网站规模有限，信息量不足以使农产品生产与销售的需求得到满足。另外，经济发达地区往往可以轻松获取大量甚至重叠的信息资源，但一些偏远的农村地区往往缺少信息沟通的机会与基础，只能接收到很少的信息，且无法保证信息的准确性和时效性。只有建立起完善可靠的信息系统与网络，真正发挥出网络的作用，才能实现信息的搜寻与本地农产品的宣传。

三、农产品电子商务交易支付体系

目前，我国经济仍在快速发展着，随着城乡统筹规划建设，工业经济不断推动着农业产业化发展，农产品由原本单一的粮食生产，逐步向多样化方向发展，农村经济发展就此进入了新阶段。农产品流通现已成为农村建设不可缺少的一部分，能有效提高农民生活水平，促进我国农业现代化建设，实现乡村振兴。农产品批发市场具备传递信息、集散商品、提供服务、调节供求及形成价格的功能，是"小生产、大市场"的客观要求，是农产品流通网络体系的核心部分。通过国内外农业的发展过程可以发现，农产品批发市场不仅能有效提高农产品的流通效率，而且对稳定农业生产具有巨大的作用。虽然农产品批发市场对农业产业化发展具有重要的意义和作用，但其发展仍存在市场管理不完善、盲目建设、信息网络利用效率低、重销地轻产地、交易规模小等问题。发展电子商务，可以充分发挥信息网络的作用、建立完善的农产品电子商务交易支付体系、提高农产品流通效率、提高农产品的质量与交易规模等方面入手实施。

（一）国内外农产品交易模式

1. 我国农产品交易模式

我国农产品市场尚未形成统一的规模，同一市场内使用多种交易模式。参与交易的市场主体有批发商（包括小商贩与大宗交易批发商）、农民（包括农业生产联合组织）、大型采购者以及零散消费者。主要交易活动包括农民与零散消费者、各级批发商、大型采购者之间的交易；各级批发商与零散消费者、大型采购者之间的交易；等等。不同的交易主体具备不同的竞争谈判能力，批发商往往在交易中占据较大的优势，而农民的竞争力则普遍偏低（我国农业生产联合组织较少）。

2. 国外农产品批发市场交易模式

国外发达国家所使用的交易模式不同于我国的农产品模式，主要以美国、日本两种交易模式为代表。在前一种交易模式中，从农户到消费者形成了产销一体的全流通制度，是一种具有规模化效益的交易模式；而后一种交易模式则是一种精细的交易定价模式，拍卖制度的引用是其主要特点。

（1）美国式的农产品直销。农民团体或个体在完成产品的生产与包装后，将处理好的产品直接运送到零售业者（超级市场）、消费大户或者连锁零售业包装配送中心，向消费地供应。农产品直销形式只留下了必需的中间环节，减少了中间的运输与销售环节产生的差价，提高了消费者与生产者的收益。美国的经济发展状况与这种直销模式相适应。市场零售单位的规模会随着农产品生产规模的扩大而提升，发展零售商店，使之形成超级市场连锁店或者连锁经营网络，将会进一步缓解大流通与小生产之间的矛盾。另外，不断改善交通条件，提高通信手段的作用与水平，改进保鲜技术并实施标准化分级机制，也将促进农产品直销发展。

（2）日本式的拍卖模式的农产品批发市场。日本地少人多，受土地资源紧张的影响，日本只能采取小规模经营的农业生产模式，因此，大流通与生产小规模的矛盾始终困扰着日本。拍卖市场的交易模式为日本农产品市场打造出了一条与其国情相适应的、更节省交易费用与时间的高效发展之路。这种拍卖交易制度遵循了公平、公开、公正的原则，促进了市场价格合理地形成。目前，大部分日本农产品市场使用拍卖市场交易制度，各个农产品市场之间设有特定的通信线路，交易者可以通过计算机和这些网络线路，了解国内各个拍卖市场的供求信息与农产品行情，还可以购买其他市场上的产品。日本由此形成了全国统一的大市场，交易的费用与时间得到进一步节省。

（二）农产品电子交易平台

在农业产业化发展过程中，优质农产品迫切需要更广阔的交易市场。消费者往往对传统的农产品销售方式的信任度不高，无法保证生产于生态农业基地的农产品的价值，无法脱离产地是很多特色农产品无法进入大流通、迈进大市场，从而造成生产和销售脱节的重要原因。这不仅阻碍了以消费引导生产功能的实现，还加大了农业结构调整的难度，影响农民增收。对此，可以尝试利用科技手段建设及时、全面的农产品电子商务交易平台，促使我国传统农业向"品牌化""信息化""标准化"的现代农业方向发展，推动特色农产品的"高端"发展路线建设。

农产品电子商务交易平台主要有以下特点：①由平台向客户统一提供包括质检、信息、运输、交易、结算等在内的全部电子商务服务；②支持网上洽谈、网上挂牌、网上竞价等多种交易模式，涵盖收缴系统、交易系统、物资银行系统、仓储物流系统等；③平台系统将信息服务、物流交易服务、融资担保类金融服务、物流配送服务等各项服务融为一体，可提供运营支付、运营业务、基础业务、平台管理四类业务功能；④实现供应商商品发布、订单结算、担保授信、各层级会员管理、交易管理、承销商线下交易等全部电子商务管理业务。为实现向农产品产业链两端延伸平台业务，满足跨国电子交易、订单农业、跨国贸易融资等多项业务的开展需要，支持同时存在多种交易管理流程，支持灵活的交易规则、复杂的管理以及多样化的结算方式；⑤在销售与配送过程中，平台会制定与现代物流要求相符的技术标准并实施，从包装、存储、搬运等方面对农产品流通实施严格的质量把控。借助农产品电子商务平台的强大功能,实现"从田头到餐桌"的完整产业链,以实际市场需求引领农业产业化发展,促进农业生产专业化、区域化、规模化发展。

(三)农产品电子商务交易支付体系

农产品电子商务交易支付体系的设计思路如下:①采用统一的电子商务平台完成农产品交易与支付活动,必须确保参与各方处于平等的竞价和交易地位,避免出现强者恒强、弱者恒弱的现象;②基于引入会员制度,建立健全农产品检验检测标准,对将要交易的农产品进行严格检测,确保其符合交易质量要求和等级要求,以便于交易者无需亲自验货就可以完成交易;③交易支付模式应将远期交易与现货交易纳入其中,其中的远期交易有利于农民结合实际价格与需求调整生产计划,也便于需求者与批发商对原有操作策略进行随时调整,以降低对交易的影响;④制定交易规则应保证交易双方公平竞价交易,保证竞价价格公正、公开、公平,以节约交易成本、提高经营效率、体现社会供求关系;⑤在农产品交易过程中,不断完善电子商务交易监管制度、配套物流服务等,保障农产品交易顺利进行。基于政府的规章政策、专业的产品检验检测技术标准以及严格的市场监管制度,依据参与市场交易的各方需求与特点,对电子商务交易支付系统进行设计,促进我国农产品市场快速发展。

四、农产品电子交易风险防范体系

农产品市场风险指在由农产品到商品的市场化过程中,经济政策改变、消费者的需求转移、市场的行情变化等各种不确定因素会导致预期收益与实际收益存在较大差异。随着面向市场的流通体制改革的深化,农业生产不仅要面对自然风险,还要规避或承担经济风险。如何对农产品的经营与生产进行有针对性地调节,降低农产品的市场风险,减少农产品商品化过程中农民可能遭受的损失,保障农民收益,有效控制农产品的市场风险,这已成为我国农业发展当下亟待解决的关键问题。

(一)农产品市场风险的表现形式

首先,市场价格具有不确定性。在计划经济体制转向社会主义市场经济体制的过程中,在市场经济条件下,供求关系是影响农产品价格变化的重要因素。受种植结构、自然灾害、意外事故等多种因素的影响,农产品的市场供求关系可能发生改变,导致价格大幅度变化,造成农业生产方面的风险。

其次,多变的、多样的市场需求。当代社会,人们的生活水平不断提高,人们不仅需要数量更多的农产品,还要求农产品的质量更高。质量成为人们的第一要求。同时,人们对农产品的市场需求弹性不足。如果农民的生产脱离了市场实际需求,则难以实现大幅度的农业增产,最终会影响农民的收益。农产品生产经营周期长,价格调节滞后,且需求弹性和收入弹性较小,如果农业生产者在经济行为指导下盲目以价格作为调整生产的准则,很容易造成买卖兼难的恶性循环,致使农产品市场价格与生产都大起大落,从而加重农产品市场风险程度。

再次,市场预测偏差。由于获取的信息资源有限,农民无法对市场进行精准的预测和判断,从而增大偏差与失误的可能性,造成巨大的损失。这种情况产生的原因主要有两方面:一是难以预测的市场需求;二是农民自身知识水平及思想意识决定了其不具备足够强的分析与把控市场信息的能力。另外,农户大多居住在边远地区或乡村,通讯水平与交通水平均有待提升,再加上缺少各种传导信息的组织,从而加大了预测与判断错误的可能性。

最后,农业宏观政策变动。当政府制定的各类农业经济政策发生变动时,就会对农业生产造成影响。政策越稳定,对农业发展产生的风险就越小。

(二) 农产品市场风险的防范措施

运用恰当的办法控制市场的风险源,有效管理农产品市场风险,以此稳定农业生产,保障农产品供应,减少农产品市场价格变化造成的损失。对此,我国政府可将农民、市场、政府及企业作为市场主体,结合我国农产品市场当前的风险特点,创建多元复合结构的农产品市场风险管理模式。

1. 加强农产品市场信息服务,提高农民科学决策能力

为解决我国农产品市场目前信息不对称、传播不通畅的问题,作为

信息提供者，政府部门应加强面向市场、农民以及企业的信息服务功能，不断完善现代信息传播设施，并使其充分发挥作用，结合传统信息传播载体与互联网的优势，拓宽中介组织的外延渠道，提高信息传递效率。完善农产品信息体系，使信息系统满足快速、高效及灵敏的信息服务要求，降低因缺少有效信息而导致的市场价格波动，对农产品价格走势与市场需求进行更加精准、详细的预测与判断，为农产品生产经营者提供正确的指导，实现农民生产科学决策能力与水平的提升。建设健全的农产品市场信息发布制度，充分发挥该制度的主导作用，保证信息的发布规范、有效、准确、及时。借助高效的信息服务手段，避免或降低农产品市场风险。

充分发挥农业市场的信息服务功能。作为信息发布主体，政府应制定严格的信息发布规划，规范发布行为，出台优惠政策。提高建设与利用现代信息传播设施的水平，充分发挥传统信息传播媒体与互联网的信息传播功能，有效利用各种信息发布渠道，向市场、农户和企业提供及时、全面的信息服务。政府可以根据WTO的规则，合理制定和安排政策，加大农村信息服务体系的建设力度和信息发布基础设施设备的建设投入。政府还可以以适当的补贴鼓励农户购置和使用信息设备，进一步扩大信息设备对农户、农业生产的正面效应，还可以在立项、研究、推广等方面给予信息发布项目适当的资金补助。

2. 加强农产品流通体系建设，降低流通环节成本

在我国，从产地生产到餐桌的整个农产品流通环节冗杂，增加了农产品价格的不确定性，加大了农产品市场风险形成的可能。结合现代化的物流模式与技术，建设完善的农产品流通体系，精简流通环节，控制流通成本，能有效稳定农产品的市场价格。鼓励农产品物流配送企业发展，鼓励各地建设农产品超市，采用产地收购结合市场零售的模式，实现一体化营销。建设更全面的企业信用体系，完善相关法律法规，规范超市与配送企业的行为，保证农产品在流通过程中的质量安全，做到真正地让利于民，降低流通环节成本，减少市场价格波动的影响。在农产品流通方面，提高基础设施建设水平与农产品运输能力，拓宽销售渠道，拓展销售市场，进一步解决农产品的销售问题。充分发挥农村中介组织在市场与农民之间的桥梁作用，使其向农民传递各类市场信息，以提高

农民生产决策能力。通过农村中介组织寻找更多可靠的销售渠道，推动农产品的销售。

3. 加强优势农产品区域布局建设，发展差异化产品

加强农业设施建设，在条件合适的地方扩建设施温棚，与同类农产品交替上市，延长农产品上市周期。对农业生产结构进行科学合理地调整，从品种、口味、生产时间、色泽、品质、包装、外形等方面进行农产品的差异化处理，从而丰富农产品品种，提高农产品质量，达到降低市场价格波动风险的目的。一方面，现如今，人们对食品安全的重视程度日益加大，对环境保护的关注度越来越高，发展绿色农产品不仅能使人们的需求得到满足，还能保护环境，因此，成为必然的发展趋势；另一方面，生产农产品的最终目的是满足人们的需求，通过培育优良农作物品种，可以使农作物在病虫害及自然灾害面前具备更强的抵抗能力和生存能力，从而减少减产带来的损失，保障人们的需求。同时，新品种的培育和推广，也有助于充分发挥农村中介组织的作用，促进农产品流通体系在农村的建设。

4. 加强期货市场建设，规避价格波动风险

期货市场的价格形成机制具有公平竞争、集中交易和秩序化强的特点，交易场所实施会员制，依据"三公"原则合理制定远期、近期及即期价格，而现货市场不具备这些优势。因此，在面对同样的价格因素变化时，期货市场的反应更加灵敏，且预期性更高、权威性更强。在面对市场风险时，在套期保值功能的作用下，投机者成了期货市场的主要市场风险承担者，农产品企业及农民的基本利益得到了保障。因此，我国应加大农产品期货市场的发展力度，使期货市场对我国农产品市场发挥重要作用，增加交易种类，鼓励农民与企业参与到期货市场的交易中，利用其期权市场信息与期货的超前性与统一性优势，充分发挥其套期保值与价格发现功能，实现农产品价格风险的有效转移，进而规避市场风险。另外，期货市场回避风险与价格发现的功能，对生产、加工与流通相关产品的农户和企业也非常有利。期货市场与期货交易具有简单化、规范化、标准化、组织化等特点，有助于顺利规避市场风险。我国加入WTO之后，期货市场对我国农产品生产、加工及流通企业的作用日益重要，促进期货市场稳定发展，有利于尽早实现我国市场与国际市场接轨，

在国际市场波动时，可有效降低或避免其对我国企业造成的风险。

5. 加强金融机构的服务意识，建立农产品市场风险补偿机制

在市场风险与自然风险的双重压力下，农民在农业生产方面承受的风险压力可以通过国家的农业补贴政策来减轻，但这不是长久之计，我国政府还应促进各大金融机构充分发挥自身职能，增强其为"三农"服务的意识，灵活运用各种金融工具，构建可靠的农业保险机制，实现农业生产风险的长期规避。农业保险的覆盖范围持续扩大，不仅要保障粮食、奶牛、生猪等稳定生产，还要加大保险力度，延伸至易受灾害造成损失的农产品如水产品、蔬果等。建立农产品市场风险基金，当暴雨、雪灾、台风等自然灾害或其他突发事件对从事农产品市场营销的企业造成损失时，由基金提供一定的风险补偿，降低农产品市场价格突涨造成的风险。政府则可以从资金、政策等方面给予加入到农业风险保障体系中的金融机构适当的优惠与扶持，降低金融机构本身的风险隐患，使其全力投入到管理农产品市场风险的工作中。

6. 大力扶持农业产业化经营

农业产业化经营可以有效降低农业市场风险，提高农户的市场竞争力。扶持龙头企业做强做大是一项重要的农业产业化经营手段，可以让农户与龙头企业共担风险、共享利益，创造二者结合的集合型市场主体，以区域主导产业为中心，加快优势特色农产品生产基地的建设进程。遵循"民管""民建""民收益"三项原则，积极组织农民发展自己的农业合作组织，提高集体农户抵抗各类风险的能力。

7. 制定科学合理的农产品保护价

建设完善的农产品保护价制度具有重要意义。保护农产品价格能有效提高农民应对和抵抗农产品市场价格波动风险的能力，进而保持农产品价格平稳，减少农民的实际损失。保护农产品的价格有助于减少市场价格波动，稳定生产预期，保障农民切身利益，因此，这一制度的完善至关重要。在制定保护价时，应对农民的生产成本、运输成本等多个方面的因素进行综合考虑，充分、合理地发挥保护价格的作用。此外，还应使用有效的监督管理办法，以保障农产品保护价政策的实施。

第八章　生态农业

第一节　生态农业概述

一、生态农业的基本内涵

（一）生态农业的概念

对物质在系统内部的重复与循环利用进行合理的安排，以降低石油能源的消耗或代替石油能源，对物质循环再生原理进行充分合理的应用，追求更少的投入、更多的生产的现代化农业，就是生态农业，一种高效优质的农业。发展生态农业的主要目的是提高农产品的质和量，满足人们日益增长的需求；使生态环境得到改善，不因农业生产而破坏或恶化环境；增加农民收入。

（二）生态农业与现代农业

根据农业发展历程中的经济、社会和科学技术发展水平，现代农业、传统农业、原始农业是农业发展的三个阶段。

现代农业的重要标志是对现代先进科学技术的广泛应用，主要是相对于传统农业而言。现代农业强调的是高能源投入、高度机械化、高度社会化运作及经济效益最大化，在发展过程中，现代农业对生态环境产生过不同程度的破坏。

生态农业强调农业发展对生态环境的保护，现代科技与传统经验结合，现在国内打造生态农业产业园就是从人与自然和谐的角度出发，避免因急功近利导致经济效益与生态效益失衡，最终影响整体效益。

（三）生态农业的类别

生态农业包括绿色农业和有机农业。

1. 绿色农业

按照有关规定，需要合理有度地使用植物保护剂、农药、化肥等化学合成物，生产出无污染且有利于公众健康的产品，这种生产方式就是绿色农业。

2. 有机农业

在生产过程中，不使用转基因工程，也不使用任何的饲料添加剂、农药、化肥等化学合成物，这种农业生产方式被称为有机农业。

相对于要求些许放宽的绿色农业，有机农业则是具有更加严格要求的生态农业。

二、生态农业的特征

（一）综合性

生态农业要求把大农业作为出发点，发挥农业生态系统的整体性能，按照"整体、协调、循环、再生"的基本原则，优化与调整农业产业结构，对其进行全面规划，使农村一、二、三产业与农、牧、林、渔、副各业综合全面发展，使各个行业之间相互帮助、相互扶持，促进农业综合生产能力。

（二）多样性

我国地域广阔，各个地区之间资源基础、自然条件、社会与经济发展水平差异很大，面对这种情况，生态农业需要与现代科学技术相结合，积极利用我国传统农业的优势，以多种生态工程、生态模式和各种技术类型促进农业生产，使各地区互相取长补短，充分发挥自己的地区优势，根据当地实际和社会需要实现各产业协调发展。

（三）高效性

通过能量多层次与物质循环进行系列化深加工和综合利用，可以促进生态农业的经济增长，提高效益，降低成本，实现废弃物的资源化利用，增加就业机会，促进大量的农村劳动力就业，提高农民从事农业的积极性。

（四）持续性

发展生态农业的优势有很多，比如：可以防治污染，改善与保护生态环境；增加农产品的安全性，把农村经济与农村的常规发展转变为持续发展；促进经济建设与环境建设实现更为紧密的结合，最大程度地满足人们日常对于农产品的需求；增加生态系统的持续性与稳定性，促进农业持续健康发展。

第二节　生态平衡与生态环境保护

一、生态平衡

（一）生态平衡的概念

生态平衡是指地球上的所有事物平衡、可持续地发展，包括地球上的所有物种、资源等，但一般指的是人与自然环境的和谐相处。

（二）生态失衡的原因

破坏生态平衡，造成生态失调的原因有很多，其中人为原因与自然原因是其中的两个方面。其主要方面是人为原因，由人为原因引起的生态平衡的失调属于第二环境问题；由自然原因引起的生态平衡的失调属于第一环境问题，其中，自然原因包括旱灾、台风、水灾、地震、海啸、山崩等。

二、生态环境保护

农业生态环境保护的基本任务如下：

（一）开发、利用和保护农业资源

发展需要因地制宜，根据自然规律与农业环境的特点制订计划，宜林则林，宜农则农，宜渔则渔，宜牧则牧，因地制宜，多种经营。保护我国的渔业资源，优化对渔业水域环境的管理。建立相关农业保护区，保护特、名、新、优农产品与珍贵濒危的农业生物物种资源。

（二）防治农业环境污染

防治农业环境污染是现代化建设中的重要任务，它是指预防与治理工业废气、废水、粉尘、废渣、城镇垃圾和化肥、农药、植物生长激素、农膜等农用化学物质的污染与损害；改善与保护农业环境，保障农村环境质量，促进农村经济与农业的快速发展。

1. 防治工业污染

严格把控与防治新污染的发展。坚决停止建设对环境污染严重、缺乏有效治理措施、布局极度不合理、能源与资源浪费较大的项目；严格执行"三同时"的规定，包括小型建设项目的技术开发与改建、扩建、新建项目等；新安排的中大型建设项目，必须严格遵守环境影响评价制度；转产的或者改建、扩建、新建的街道、乡镇企业，必须严格遵守规定，并填写环境影响报告表；环境保护设施的设备、材料、投资与施工力量必须得到保障，不得挤掉，不可以留缺口；坚决杜绝污染转嫁。

抓紧解决突出的污染问题。当前要重点解决一些工厂企业的污染问题，其大多位于水源保护区、生活居住区、基本农田保护区等。根据实际情况，一些生产上污染危害大、工艺落后，又不好治理的工厂企业，要有计划地关停并转。要采取既节约能源，又保护环境的技术政策，减轻城市、乡镇大气污染。按照"谁污染，谁治理"的原则，切实负起治理污染的责任，要利用经济杠杆，促进企业污染治理。

2. 积极防治农用化学物质对农业环境的污染

随着农业生产的发展，我国化肥、农药、农用地膜的使用量将会不断增加。必须积极防治农用化学物质对农业环境的污染。鼓励将秸秆还田，多施有机肥，合理施用化肥。在施用化肥时，要求农民严格按照标准，科学合理地施用。提倡生物防治和综合防治，严格按照安全使用农药的规程，科学、合理施用农药，严禁生产、使用高毒、高残留农药。鼓励回收农用地膜，组织力量研制新型农用地膜，防治农用地膜的污染。

（三）大力开展农业生态工程建设

保护农业生态环境，积极示范和推广生态农业，加强植树造林、封山育林育草生态工程、防治水土流失工程和农村能源工程的建设，通过综合治理，保护和改善农业生态环境。

（四）生物多样性保护

加强保护区的建设，防止物种退化，有步骤、有目标地建设和完善物种保护工作，加速进行生物物种资源的调查，摸清濒危实情。在此基础上，通过运用先进技术、建立系统档案等，划分濒危的等级和程度，依此采取不同的保护措施，科学地利用物种，禁止猎杀买卖珍稀物种，允许有计划地进行采用，不断繁殖，扩大种群数量和基因库，发掘野生物种，培育抗逆性强的动植物新品种。

第三节　生态农业与农业生态旅游

一、生态畜牧业

（一）生态畜牧业的概念

生态畜牧业是技术畜牧业的高级阶段，其采用工程方法，运用生态系统中的食物链原理、生态位原理、物质共生原理与物质循环再生原理，吸收现代科学技术成果，以发展畜牧业为主，林、农、牧、副、渔各业因地制宜，合理搭配，构建经济、生态、社会效益相统一的畜牧业产业体系。

生态畜牧业主要由生态畜产品加工业、生态动物养殖业与废弃物的无污染处理业构成。

（二）生态畜牧业的特征

第一，生态畜牧业的中心是畜禽养殖，因地制宜地配置相关产业，如林业、种植业、无污染处理业等，构建无污染、高效的配套系统工程体系，有机地整合生态平衡与资源的开发。

第二，相互制约、相互联系、相互促进是生态畜牧业系统内要素或环节的关系。如果某个环节或要素发生变化，那么就会使整个系统变化波动，失去平衡。

第三，"食物链"是生态畜牧业系统内部持续进行能量转化流动与物质循环的形式，它可以促进系统各个环节的生物群的异化与同化作用的平稳工作。

第四，在生态畜牧业系统中，能量循环与物质循环网络是配套完善的。通过这个网络，可以增加系统的经济值，减少污染物与废弃物，从而实现净化环境与增加效益两者的统一。

二、生态种植业

生态种植业是指在保护、改善农业生态环境的前提下，遵循生态学、生态经济学规律，运用系统工程方法和现代科学技术，集约化经营的农业发展模式。生态种植业是一个生态经济复合系统，将种植生态系统同种植经济系统综合统一起来，以取得最大的生态经济整体效益。这也是农、林、牧、副、渔各业综合起来的大农业，又是农业生产、加工、销售综合起来，适应市场经济发展的现代农业。

生态种植业主要是通过提高太阳能的固定率和利用率、生物能的转化率、废弃物的再循环利用率等，促进物质在农业生态系统内部的循环利用和多次重复利用，以尽可能少的投入，求得尽可能多的产出，并获得生产发展、能源再利用、生态环境保护、经济效益等相统一的综合性效果，使农业生产处于良性循环中。

（一）农业地域类型

在延续传统种植业轮作复种、套种的基础上，全国建立的复合种植生态模式包含了山地、低丘、缓坡、旱地、水田、园地、庭院及江、河、湖、海等所有可能利用的区域资源。主要农业地域类型如下：

（1）河谷农业。河谷农业主要分布在青藏高原地区，西藏的雅鲁藏布江谷地、青海的湟水谷地、黄河谷地等最为典型。青藏高原所处地理位置较高、气温较低，但其河谷地带是山区中比较适宜耕作的地区，农业较为发达。这是因为其地势比较低，比其他地带气温高，降水较为丰富，无霜期长，河谷之间的山峰大多生长着森林，这使得谷地土壤肥沃，具有比较丰富的腐殖质，不易流失热量，加上有充足的灌溉资源，因此，成为农业发达地带，被称为河谷农业。

（2）灌溉农业。半干旱与干旱地区的农业被称为灌溉农业。因降水量少，其农业发展依靠的是河流水与地下水，这种农业种植的主要农作物是春小麦，主要分布在我国河西走廊、宁夏平原与河套平原。宁夏平原与河套平原引黄河水，被称为"塞外江南"；河西走廊则是依靠高山冰雪融水与山地降水。灌溉农业的优点有很多，如高产稳产，能灌能排，土地生产能力较高，其利用多种水利灌溉设施，为农作物提供充足的水源，使其实现高产稳产，还能冲洗盐碱与培育肥力。

（3）基塘农业。根据珠江三角洲的自然条件特征，当地居民创造了一种非常独特的农业生产方式，称为基塘农业。它挖深地势较低的地方，使其成塘，在里面饲养淡水鱼；鱼塘四周用泥土堆砌成塘基，在塘基上栽种甘蔗、桑树、果树，这种生产结构被称为"蔗基鱼塘""桑基鱼塘""果基鱼塘"。这种非常独特的生产方式要求农业的每个环节都形成良性的循环，相互依存，相互促进。其中，桑基鱼塘是基塘相互促进的典型代表。

（4）立体农业。一种以开发利用垂直的空间资源为重点的农业形式，称为层状农业，也称为立体农业。立体农业模式的出发点是其定义，合理利用人类生存技能、生物资源与自然资源，促进立体模式的优化，技术、物质转化、能量循环、层次、物种就是立体模式的组成要素。

（二）生态种植业的结构

生态种植业是将现代科学技术应用于传统农业的间、混、套、带等复种，以形成多种作物、多层次、多时序的立体种植结构。这种群体结构能动地扩大对时间、空间、自然资源和社会经济条件的利用率，能产出更多的第一性农产品，从而促进养殖业和农副产品加工业的发展，提高农业综合生产能力。立体农业的根本之处在于：利用立体空间或三维空间进行多物种共存、多层次配置、多级物质能量循环利用的立体种植、立体养殖和立体种养。

三、农业生态旅游

近年来，生态旅游受到了人们的广泛欢迎，包括种植养殖业生态旅游、海洋生态旅游、森林生态旅游等的农业生态旅游也盛行一时。

（一）生态旅游的概念

"生态旅游"是出于对环境与资源的保护和追求而提出的，这个概念提出的时间并不长。可以从以下方面了解生态旅游：一是因现代生活压力较大，过度紧张，城市过于喧嚣，因此，人们想要重返大自然，以获取心灵上的宁静；二是履行环境的教育功能，同时对游客数量及其行为进行控制，对自然生态进行保护。在生态旅游起步阶段，仅限于在自然保护区、纯自然景观、原始森林等地旅游，后来，人们的旅游范围逐渐扩大，包括半人工、半自然的生态景区。

乡土文化、田园景观、农业资源、农业生产内容、农村自然环境是农业生态旅游的基础。农业生态旅游把农业与旅游业有机结合起来，其精心的工艺设计、全面的规划布局与一系列配套的服务，为游客提供乡村民俗生活，以供其体验、了解、观光、休养、旅游，还有观赏特色动植物、参与传统项目等旅游活动形式以及趣味郊游活动。农业生态旅游不但可以让游客体验优美的田园风光与淳朴的乡土民风，而且可以使游客更贴近农村与农业，促进农产品品质的提高，增强对农业生态环境的保护力度，改善农村生活环境，促进农产品流通，增强城乡信息的交流，推进农业生产发展。

（二）生态旅游的特点

体验性与实践性是农村生态旅游的两大特性。不同于其他旅游形式，农村生态旅游者可以直接参与生产实践劳动，如烧烤、垂钓、采摘、播种、耕地等，或者直接品尝水产、畜禽蛋奶、瓜果蔬菜等农产品，亲身体验农民的农家生活与生产劳动，从中收获乐趣与有关的农业生产知识。

时间动态性与地域多样性是农业旅游资源所具有的特点。因文化传统与生态环境条件的差异，不同地区的土地利用方式和农业生产习惯存在不同，季节的变化会影响农业的生产模式，农业生产也会随着时空的变化，形成不同的农业文化景观。

可塑性也是农业旅游资源所具有的特性。自然景观和历史古迹一般具有不可移动性和不可更改性，在遵循客观规律的前提下，农业生产可以依据其目的集成、组装配套、优化选择生产要素，如关键技术、农业物种等，进而设立特色农业生态系统模式。

（三）农业生态旅游的形式

（1）观光型农业生态旅游。观光旅游所需要的时间不长，"动眼"即看，是其主要方式。具体包括参观具有浓厚特色的乡村居民建筑、农业生产景观和包括现代高科技与传统农业生产方式在内的经营模式等，还可以了解当地独特的传统文化与风土人情。

（2）品尝型农业生态旅游。"动口"即品尝，是品尝型旅游的主要方式。近年来，这种旅游形式盛行，其旅游区可以为游客提供多种服务，可以让游客亲自到瓜地、果园采摘瓜果，随意品尝；可以为游客提供湖泊、水库等垂钓地点；也可以为游客提供具有特色的菜肴；还可以为游客提供专门的烧烤场所。这些活动可以起到修身养性、陶冶情操的作用，增加游客的旅游体验感。

（3）休闲体验型农业生态旅游。"动手"是休闲体验型旅游的主要方式，游客可以亲身实践、体验农村生活，从中学习相关的农业生产知识，获得乐趣。这种生态旅游形式丰富，游客不仅可以学习农家的特色烹饪、农业经营管理模式，还可以参加不同的农耕活动，学习农作物的农产品加工技术、动物饲养技术、农作物种植技术等。

（4）综合型农业生态旅游。"动耳、动脑、动口、动眼、动手"是综合性旅游的主要方式，这种模式可以使游客全身心投入，需要投入的时间比较长。通过这种形式，游客可以扮演农民，体验农民的乐趣，如吃农家饭、住农家屋、干农家活儿、享农家乐等，以获得身心愉悦的感觉。

农业生态旅游的必要条件是运行良好的农业生态系统与健康优美的农业生态环境。因此，可以通过生态旅游增强游客保护环境的意识，加强保护生态环境建设，顺应时代要求，促进农业可持续发展。同时，旅游活动与农业生产有机地结合，形成了农业生态旅游，促进了经济发展。即使在不利条件下，二者在经济上也可以互相补充。比如，在不稳定的市场与无法预测的自然灾害的影响下，农业会受到严重的冲击，包括减效、减产、失收等，而通过农业旅游就可以减少风险造成的损失。除此之外，在旅游淡季，农业生产的收入又可以弥补减少的旅游收入。所以，与单纯的旅游业或者单纯的农业相比，农业生态旅游更具有低风险、高效益的优势。

第九章 农业现代化

第一节 农业现代化概述

一、农业现代化的基本内容

农业现代化实际上是指由传统农业向现代农业转变的过程，通过现代工业、科学技术、经济管理办法，实现农业生产的高产、优质、低耗和资源与环境同步发展的农业生态系统。狭义的农业现代化仅指农业生产技术上的变革。广义的农业现代化强调既要采用现代的科学技术，也要重视现代科学方法、管理方法，还要发展农村文化教育。农业现代化是一个动态的发展过程，在不同的发展阶段有不同的内涵，其基本内容主要包括以下几个方面：

（一）农业生产手段现代化

生产工具是区别经济发展阶段的根本标志，也是划分农业发展阶段的主要依据。在农业生产中，运用先进的机械设备取代人的手工劳动，特别是在农业生产的产前、产中和产后各个环节中大范围采用机械化作业，能够大大降低农业劳动者的体力劳动强度，提高劳动生产率。在农业生产中广泛采用机械设备是农业现代化建设必不可少的物质条件。

（二）农业生产技术现代化

农业生产技术现代化即用现代科学技术武装农业，在农业生产中广泛采用农业机械和电子信息技术、现代生物技术、化学技术、耕作与栽培技术、饲养技术等。实现农业现代化的过程，其实就是不断地将先进的农业生产技术应用于农业生产，不断提高科技对农业增产贡献率的过程。这将有利于提升农产品品质和农产品的国际竞争力，降低生产成本，保证食品安全。新技术、新材料、新能源的出现，将使农业现状发生巨大的改变，使农业增长方式从粗放型转变为集约型。

（三）农业经营管理现代化

农业经营管理现代化即用科学方法管理农业。农业生产的经营管理涉及农业的产前、产中和产后各个环节，经营管理不善，必将影响农业的投入产出率和市场化进程，必然阻碍农业生产的发展，影响整个农业现代化的进程。运用先进的管理方法和理念协调农业生产力诸因素之间、农业生产各部门之间、农业生产过程各环节之间的关系，可以使生产要素得到科学合理的配置，提高农业的投入产出效率。

（四）农业生产集约化、可持续化

面对土地面积有限和人类对农产品需求不断增长的现实矛盾，现代农业必须走集约化经营之路。农业生产集约化必须建立在农业科学技术不断进步的前提下，通过科技创新提高农业投入要素的配置效率，不断优化农业投入产出系统，实现农业生产的高效率。农业现代化的一个显著特点就是人工生态系统的产生及普遍存在，这一方面要求农业生产者尽可能多地生产满足人类生存、生活需要的农产品，确保食物安全；另一方面，要坚持生态良性循环的指导思想，维持良好的农业生态环境，不滥用自然资源，兼顾当前利益和长远利益，合理地利用和保护自然环境，实现资源永续利用，即保持农业的可持续发展。

（五）商品化、专业化、社会化

以农业商品经济为纽带的农业现代化是社会分工和社会协作相结合

的社会化大生产，而农业社会化、专业化则表现为农产品的商品化，这是农业生产力向更高层次发展的必然结果。商品生产以社会分工为前提，并要求较高的劳动生产率，这就使得社会内部和农业内部的分工越来越细，要求农业生产实行专业化。专业化分工协作使农业生产过程的各个环节联系愈加紧密，这就要求建立一个涵盖产前、产中、产后的社会化服务体系。可见，要实现农业现代化，建立完善的市场体系，必须推进农业的社会化、商品化和专业化。

（六）农业标准化、农业信息化

农业标准化是指农业生产经营活动要以市场为导向，建立健全规范化的工艺流程和衡量标准。通过农业标准化，先进的农业科技成果和经验可以迅速向农民推广，最终促使农业生产者生产出质优、量多的农产品来供应市场，不但能使农民增收，而且可以取得良好的社会和生态效益。农业标准化是现代农业的重要基石，加快推行农业标准化，是推动和促进现代农业建设的重要力量。

农业信息化是指在农业各领域全面地发展和应用现代信息技术，使之渗透到农业生产、市场、消费以及农村社会、经济、技术等各个方面，加快传统农业改造，极大地提高农业生产效率和农业生产力水平，促进农业持续、稳定、高效发展的过程。建设现代农业的过程，在某种程度上也是农业标准化的过程、农业信息化的过程和农业市场化的过程。

二、衡量农业现代化的标准

农业现代化作为一个世界性、历史性的概念，是有其特定内容和客观标准的。判断一个国家是否实现了农业现代化，要用该国农业生产水平与世界农业发达国家的生产水平相比较才能确定。衡量农业现代化应当采取国际上可以相互比较，又能反映农业生产力综合水平的指标。

（一）农业劳动生产率

农业劳动生产率是指农业劳动力在一定时期内人均生产农产品数量的多少，劳动生产率高是农业现代化的基本特征。农业劳动生产率高低受诸多因素的影响,如农业机械化的水平、经营规模的大小、农业科技的应用状况、投入水平和经营管理的好坏等。因此,农业劳动生产率反映了农业产出水平和农业投入水平的高低。

(二)农业土地生产率

土地生产率是指一定时期内单位面积土地上生产的产品数量或产值,是反映土地利用效率的指标。土地生产率也是衡量农业现代化水平的重要指标,土地生产率的高低与土壤肥力和肥料、农药、水利基础设施、种养技术等物质、科技的投入水平及人类对农业生产环境的调控能力有关。它与农业劳动生产率一样,是反映农业产出水平和农业投入水平的综合性指标,土地生产率可以从单位面积产量和产值两方面进行衡量。

(三)农产品商品率

农产品商品率是指农产品商品量在农产品总产量中所占的百分比,是衡量农业从自给性生产向商品经济转化的重要指标。农产品商品率反映了农业同社会其他经济部门联系的密切程度,特别是农业生产与市场之间联系的紧密程度。影响农产品商品率的根本因素是土地生产率和劳动生产率。此外,农产品商品率与农业人口、农业生产的专业化程度、农产品价格、农业规模经营等也有密切关系。农产品商品率也是衡量农业生产社会化、市场化程度的综合性指标。

(四)农业科技进步贡献率

农业科技进步贡献率指农业科技进步对农业总产值增长率的贡献份额。农业现代化的关键是把农业的发展转移到主要依靠科技进步的路径上来,农业增长方式的转变、农业生产效益和农产品质量的提高、农产品生产成本的降低主要依靠科技的进步。农业科技进步贡献率是综合反映农业生产技术水平与教育发展水平的重要指标。

(五)农业资源与环境指标

农业资源与环境指标是衡量土地潜在生产能力的稳定性与持久性程

度的指标,可以通过森林覆盖率、自然灾害受灾率、水土流失面积比重、旱涝保收面积比重、耕地污染面积比重、土壤养分含量、土壤酸碱度等具体指标来反映。

(六) 农民人均纯收入

农民人均纯收入是指农民人均从当年各项生产经营项目中取得的生产经营收入及利息、租金等非生产性收入。农民人均纯收入反映了农村经济发展的总体水平和农民生活质量的高低,也反映了农业投入产出的比率和农业生产的经济效益,是衡量农业现代化水平的重要指标。农业现代化要求农民生活质量科学化、生活方式现代化,随着农业现代化进程的加快,农民的收入应接近或超过城市居民,生活条件得到显著改善,消费水平得到有效提高。

第二节 我国的农业现代化建设

农业现代化没有一成不变的模式。发达国家在实现农业现代化过程中,都注重立足本国实际,探索适合本国国情的农业现代化之路。我国是最大的发展中国家,实行改革开放以后,我国农业发展日新月异,取得了令人瞩目的成就。

一、我国农业现代化的目标

(一) 建设现代化、有竞争力的农业

随着人口数量的不断增长和人们收入水平的不断提高,社会对农产品的需求量越来越大,对品质的要求也越来越高。要增加农产品的供给和提高农产品的质量,必须把当前产业结构不合理、低产低效的农业提升为广泛应用现代科学技术、农林牧渔合理布局、全面发展的高产、优质、高效、生态、安全的农业。与此同时,在 WTO 框架下,伴随世界农产品贸易自由化的推进,中国农业面临激烈的国际竞争,推进农业现代化过程中需要不断提升我国农业国际市场竞争力。

（二）建设富庶的农村，提高农民的收入水平

实现农民收入的稳定增长是农业现代化的必然要求，要不断改善农民的物质生活和精神生活，使之达到较富裕的水平。因此，农业现代化的过程应该和建设新农村相结合，全面发展农村经济，努力提高农业收入。

（三）建设良好的人居生态环境

在农业现代化过程中，既要充分利用自然，又要重视生态保护，实现经济效益、社会效益和生态效益三者的统一。生态环境的好坏极大地影响着农业的可持续发展，不能因为追求短期的经济利益，而损害农业长期健康和可持续发展的基础，因而，农业现代化必须维持一个良好的生态环境。

二、我国农业现代化的道路

加大城乡统筹建设发展的力度，使城乡差距逐渐减小，提高农村的发展活力，实现城乡共同繁荣。坚持城市带动乡村，第二产业反哺第一产业和"多予、少取、放活"的方针，加大政策对农业的扶持力度，使现代化成果惠及全体农民，鼓励农民积极参与现代化建设，保障农民平等地享受权利、履行义务。推进现代农业的发展进程，提高现代农业的综合生产能力，全力保障国家粮食安全和关键农产品及时有效供给。始终把农村作为社会事业和国家基础设施建设发展的重点。加大现代化新农村建设开发力度，提高农村生产生活质量，把提升农民收入作为工作的重点，促进农民收入稳定增长。这是立足于我国国情而做出的一项重大决策，有利于促进社会公平，提升综合国力，实现城乡统筹发展。作为一个农业大国，农业兴，百业兴；农村稳，社会稳；农民富，国家富。"三农"问题的解决直接关系到我国社会的稳定和经济现代化目标的实现。

要走中国特色新型工业化、信息化、城镇化、农业现代化道路。走中国特色新型农业现代化道路就不能全盘照搬发达国家农业现代化的发展模式，而是既要从中国国情出发，符合中国经济社会制度条件和资源

禀赋特征，又要彰显时代特征，紧跟世界农业发展新理念、新趋势，运用最新科技成果。中国农业现代化的过程是中国由农业大国向农业强国逐步迈进的过程。

（一）以市场为导向，完善农业法律和政策体系

"依法治农"是实现我国农业现代化的必然选择。目前，我国已建立起以《农业法》为基础，以不同领域的专门农业法律为主干，以有关法律中的涉农条款为补充，辅之以行政法规和地方性法规，多层次、全方位的农业法律法规体系。

为推进我国现代农业建设，还应不断完善以下政策体系：①健全农业补贴政策。要对农业补贴政策进行结构性改革，实行有差别的支持政策。②完善农业基本建设政策。重点建设高标准农田，推进农业科技创新，大力推广使用农业机械。③完善农产品市场调控政策。探索建立目标价格制度，兼顾农民和消费者双方的利益。既要稳定农产品价格，又要使农民获得稳定收益。探索建立调控目录制度，对于进入目录的农产品，如粮食和主要经济作物，由国家实行特殊政策调控，未进入目录的农产品由市场调节。④创新农业金融保险政策。积极引导社会资本投入农业，鼓励和支持有责任的工商资本向农业投资。⑤完善农业改革配套政策。包括稳定和完善农村土地承包关系，扩大农村土地承包经营权登记试点范围，加快推进农村土地承包经营权流转管理和服务体系建设，建立健全农村土地承包经营权流转市场，健全土地承包经营纠纷调解仲裁制度，加快推动征地制度改革，不断创新农业固定资产投资管理方式。

（二）加快对新型农民和新型现代农业经营主体的培育

巩固和完善农村基本经营制度，切实保障农民土地、宅基地、村民福利等合法权益，进一步扩大农村集体经济力量，推行股份合作与农民专业合作社发展模式，培养新型的现代农业经营主体，开发形式多样的经营模式，构筑兼具专业化、集约化、社会化、组织化特色的农业经营理念体系。基于此，要深化农业生产经营体制改革，在稳定农业家庭经营这一基本经营制度的基础上，建立家庭农场经营与农民专业合作社、

龙头企业相结合的新型农业双层经营体制，努力提高农业规模化生产、产业化经营水平和农民组织化程度，实现农业生产经营主体的转换。同时，要鼓励大中专毕业生到现代农业领域去就业创业，使他们成为农业生产经营者的新生力量。

实现农业现代化，归根结底，必须依靠农民，因此，要全面提升农村劳动力的整体素质，培养现代新型农民。要加强农村成人教育、社区教育和农村劳动力素质培训，大力繁荣农村文化事业，广泛开展多种文化活动，弘扬农业文化和民俗文化，提高农民的科技文化素质和精神文明素质，有文化、会经营、懂技术的新型农民是实现农业现代化必不可少的人力资源储备。

（三）加强农业基础设施建设，改善农业生产条件

加强农业基础设施建设是促进农业可持续发展的战略任务。农业受自然环境因素的影响较大，要改善农业生产条件，增强农业抵御自然灾害的能力，实现农业高产稳产，必须切实加强农业基础设施建设。具体而言，应该以政府为主导，拓宽农业基础设施建设的资金投入渠道，通过政策引导和制度约束，鼓励工业反哺农业、城市支持农村。当前农业基础设施建设的重点是高标准农田建设、农田水利工程建设和农村能源建设，而设施农业就是现代农业的发展方向和农业转型升级的重要途径。各地要以特色农业为重点，大力发展高效设施农业，提高农业的物质技术装备程度和农业的工业化水平，建设具有地方特色的设施观光农业、精品农业和生态农业。

（四）积极推进农村城镇化，为农业现代化的发展创造有利外部环境

加大城乡统筹发展的力度，加大农村基础设施建设力度，提高公共服务能力，推进城乡要素双向平等流动，共享优质公共资源，使城乡差距逐渐减小，实现城乡共同繁荣，竭力形成工业促进农业、农业推动工业、城市带动乡村振兴的先进的、新型的工农和城乡关系。城镇化推动了农村市场的发展和农业社会化服务体系的构建，并通过乡镇工业反哺农业。发展现代农业必须减少农民数量，提高农民素质，推动农业适度

规模经营，因而，加快农村城镇化进程，转移农村剩余劳动力，促进土地流转，实现农业规模经营，提高农业劳动生产率，实现农民增收，是进一步加快农业现代化步伐的前提和外部条件。为此，城市和乡镇的户籍、土地、社会保障等多项政治制度都需进行适时调整，积极推进农村的现代化、城镇化进程，营造适宜农业规模化经营的社会条件。

（五）促进农业产业结构优化升级

农业产业结构调整是指根据市场对农产品需求结构的变化改变农产品的生产结构，从而使农业生产和市场需求相协调，同时使农业生产效率最大化，实现农民增收，农业和农村可持续发展。近年来，我国农业产业结构显著改善，农民生活水平大幅提高，具体表现为：林、牧、渔业比重在逐渐上升，以往传统的农作物种植业比重持续下降；经济作物种植比例持续上升，粮食作物种植比重下降。

（六）以科技进步为农业现代化的基本动力

我国农业发展的根本出路在于加快农业科技化，农业发展要依靠科技进步来提高耕地产出率、资源利用率和劳动生产率。因此，要围绕农业可持续发展的技术需求，提高农业科技自主创新能力和农业国际竞争力，重点提高在生物技术、机械装备技术、信息技术等领域的自主创新能力，运用"互联网+"的思维发展农业，建立政府部门引导、社会力量广泛参与的农业科技创新体系，确保在农业科研和推广方面的经费投入以及农业科技成果的及时推广应用。国家应出台相关的政策措施，加大对农业先进实用技术推广应用和农民技术培训的力度，逐步构建以政府宏观管理为引导、以农业科研院所为载体、以龙头企业与家庭农场为主体、以农业社会化服务组织与技术推广机构为纽带的农业科技创新与推广体系。

（七）构建新型农村社会化服务体系

农业现代化建设和发展离不开农业社会化服务能力的提升。为达到保障国家粮食安全、持续推进我国农业现代化进程、坚持并完善现有的农村经营制度、使农民的合法权益得到充分保障的目的，必须要建设全程覆盖、综合配套、便捷高效的社会化服务体系，不仅要能够满足农民和农业多方位的服务需求，还要能有效缓解大市场与小生产之间的供需矛盾，从而实现农业高度组织化的目标。构建新型农村社会化服务体系，一是要强化各级政府，特别是县级政府主体在农业技术推广、动植物疫病防控、农产品质量监管等农业公共服务领域的重要作用；二是要加大对现代农业重点项目的投资力度。通过吸引社会资本和工商企业投资农业，加大对现代农业的基础设施建设、农产品市场物流、农业高科技研发、农产品精深加工以及农业信息化、机械化、设施化装备产业等领域的投资力度；三是要推动农业生产经营服务的多元化发展。要引领农民专业合作社、供销合作社、专业技术协会、专业服务公司、农民经纪人、龙头企业为现代农业的发展提供更加多元、形式更加多样的生产经营服务。

（八）注重生态保护，探索绿色农业发展道路

要将"尊重自然、顺应自然、保护自然"的生态文明理念贯穿于农业生产、农业资源和环境的利用与保护、农业科技的发展与应用、农业服务的全过程中。传统农业种植方式不但容易造成土壤板结、地力下降和环境污染，而且还会带来农药残留等问题。绿色农业，本质上是以科学技术为支撑、以现代投入品为基础的集约农业。发展绿色农业，要求政府积极制定有利于绿色发展的农业政策法规，引导农业发展由增产走向可持续方向转变，由单纯追求高产向高产高效、资源节约、生态环保转变，向节水、节肥、节药、节地转变，走现代农业发展之路。要逐步制定和完善农业投入品生产、经营、使用，节水、节肥、节药等农业生产技术及农业面源污染监测、治理等标准和技术规范体系，加强对农业资源的保护和高效利用，加大农业面源污染防控、农产品产地环境治理的工作力度，从根本上加快转变农业发展方式，推动农业可持续发展。

（九）积极开展农业对外合作，大力推动外向型农业的发展

外向型农业是指面向国际市场发展农产品生产，进行国际农业生产要素和生产成果的相互交换与交流。外向型农业是现代农业发展的标杆和现代农业示范区的高地，积极参与国际分工是发展现代农业的重要

标志，也是转变农业增长方式的重要内容。积极开展农业对外合作，一方面，要大力引进国外先进的农业技术、设备、管理经验和优良的动植物品种，吸引外资，引进项目；另一方面，要积极"走出去"，促进农产品出口贸易，特别是向发展中农业大国转让适宜的农业生产技术和良种，从而充分利用好国际国内两个市场、两种资源，拓展农业发展空间，增强农业国际竞争力。另外，还应该培养一批精通世界贸易组织规则和相关法规，熟悉农产品国际贸易的外向型农业人才，从而推动外向型农业的发展，尤其要注重对各级农业管理人员、农业出口企业负责人和出口基地农民的培训，增强其农产品质量意识、安全意识和品牌意识。

第三节 农业标准化与农产品质量安全

农业标准化是农业现代化的主要标志和重要内容，是农业产业化和产业结构调整优化的重要技术基础。农业标准化在保障食品安全的同时，也在提升和扩大农产品的国际影响力和竞争力。农业可持续发展的实现离不开农业标准化建设的有力支撑。建设有竞争力、健康和可持续发展的现代农业，必须着力提高我国农业标准化的水平。

一、农业标准化的内涵

（一）标准和标准化

标准是指为在一定范围内获得最佳秩序，经协商一致制定，并由一个公认机构批准，对活动或其结果进行统一规定并重复使用的原则、规则或特征的文件，其有多种形式，例如，标准文件、技术规范、规程、法规等。标准始终以增进最佳的社会效益为目标，以科学、经验和技术的综合结果为基石。实质上，标准反映的是消费者和市场的要求。

标准化是对现实的或潜在的问题制定重复的和统一的规则的活动。标准化包含制定、发布及实施标准的全过程，标准化的核心内容为标准，其实质是通过制定、发布和实施标准，实现统一。

(二)农业标准化的概念

农业标准化以"选优、统一、协调、简化"为原则,来制定农业生产和管理的标准,并实施于农业生产和管理的全过程。为农户提供一流的科学技术和丰富的经验,从而创造出更多的现实生产力,促使生态、经济和社会的最佳效益得到可持续发展。简而言之,农业标准化,就是按照科学的标准来生产和管理农业生产的始末,其中就包含标准的组织制定、实施推广、监督反馈的全过程。

农业标准化是为了把最前沿的农业科技成果和丰富的生产实践相结合,鼓励农民按照所制定的浅显易懂、言简意赅、逻辑缜密、操纵自如的技术和管理标准进行农业生产。农民在科学的、标准的指导约束下,能够生产出更加优质、符合国家标准、产量更多的农产品,在保护生态环境的同时,实现收入的连年增长和农业的可持续发展。为实现以上目标,需以市场需求为导向,调整农业的生产经营,严格规范并实施农产品的生产和加工流程与标准。

农业标准化包罗万象,标准对象涵盖种植业、林业、水产业、畜牧业、有机食品、生态建设、农业信息等。农业标准化对整个农业的生产过程也有明确的规定,如农产品质量的标准化、农产品生产环境的标准化、农产品生产过程和工艺的标准化等。

农业标准化的核心内容不仅包括农业标准的广泛推广,还包括由点及面,陆续扩大标准化基地的建设范围,最终完成生产基地化、基地标准化的目标。与此同时,农产品标准的推广和实施离不开完善的评价与认证体系和质量监督体系的辅助。

二、农业标准的分类

农业标准是评价农产品质量的技术依据,是农产品生产加工、质量检验、分等定价、选购验收、洽谈贸易的技术准则,可以从标准发生作用的范围、法律约束性、对象和作用、标准的性质等依据对农业标准进行分类。

(一)按标准发生作用的有效范围分类

目前,世界现行农业标准分为六级,分别为国际标准、国家标准、区域性标准、行业标准、企业标准和地方标准。我国现行的农业标准分为四级，分别为国家标准、行业标准、地方标准、企业标准。

1. 国家标准

国家标准是由国家制定并公开发布的标准。一般由国家标准化主管机构批准，并在公告后需要通过正规渠道购买的文件。除国家法律法规规定强制执行的标准外，一般有一定的推荐意义。我国的国家标准是由国务院标准化行政主管部门编制计划和组织草拟，并统一审批、编号和发布的。每个国家都有国家标准代号，如中国为 GB，美国为 ANSI。

2. 行业标准

行业标准是指行业的标准化主管部门批准发布的，在行业范围内统一的标准。根据《中华人民共和国标准化法》的规定：由我国各主管部、委（局）批准发布，在该部门范围内统一使用的标准，称为行业标准。在我国，行业标准由国务院有关行政主管部门制定，并报国务院标准化行政主管部门备案。例如，与农业生产相关的农业、林业、水产、烟草、环保、土地管理等部门都制定了行业标准。

3. 地方标准

地方标准是指在某个省、自治区、直辖市范围内需要统一的标准。地方标准必须在不与行业标准、国家标准相抵触的前提下制定，在相关行业标准或国家标准实施后，就会自动失效。地方标准须在省、自治区、直辖市等各级标准化行政主管部门的共同制定下实施。其是由省、自治区、直辖市标准化行政主管部门制定并报国务院标准化行政主管部门和国务院有关行政主管部门备案。

4. 企业标准

企业标准是企业根据企业内需要统一、协调的管理工作和技术要求以及企业组织制定的产品标准。企业是企业标准制定的主体，但需要向企业主管部门和企业主管部门的同级标准化行政主管部门备案。

（二）根据农业标准的法律约束性分类

1. 强制性标准

作为国家技术法规中最为重要的一部分，具有较强的法律属性，并在一定范围内，利用行政法规、法律等手段强制实施的标准就是强制性标准。依据《行业标准管理办法》和《国家标准管理办法》的有关规定，工程建设的安全、质量、卫生等标准；产品的生产、贮运、使用的安全和劳动安全标准；食品卫生、药品、农药、兽药、劳动卫生标准；有关国计民生方面的重要产品标准；环境质量和环境保护的标准均在强制性标准的范围之内。

2. 推荐性标准

又称非强制性标准或自愿性标准，用于生产、交换、使用等方面，通过市场调节和经济手段而自觉自愿采用的一类标准。

（三）根据农业标准的对象和作用分类

1. 农业基础标准

基础标准是具有较为广泛指导意义的统一准则与规范，在一定范畴内作为其他标准的适用基础而得到普遍使用。农业基础标准主要是指在农业生产技术中所涉及的名词、术语、符号、定义、计量、包装、运输、贮存、科技档案管理、分析测试标准等。

2. 产品标准

产品标准是指要求产品必须达到的一些或全部特性需求所制定的标准。农业产品标准主要包括农林牧渔等产品品种、质量分级、规格、试验方法以及农机具标准、农资标准、农业用分析测试仪器标准等。

3. 方法标准

方法标准是指以作业、检验、测定、分析、计算、抽样、统计等方法为主要对象而制定的标准。农业方法标准主要包括选育、栽培、饲养等技术操作规程或规范，以及试验设计、病虫害测报、农药使用、动植物检疫等方法或条例。

4. 安全标准

该标准制定的目的是保护人与物的安全和健康。农业安全标准是由国家通过法令或法律形式规定强制执行的，具有较强的强制性，在工艺标准或产品标准中罗列出相关安全的指标和要求。

5. 卫生标准

该标准制定的目的是保护人体与其他动物的身体健康，依据包括食品、饲料在内的卫生要求而制定的产品卫生标准。农业卫生标准主要包括农产品中的农药残留及其他重金属等有害物质残留允许量的标准和检验检测方法标准。

6. 环境保护标准

该标准制定的目的是保护环境、维护生态平衡，对大气、土壤、水质、噪声等环境质量和污染源的检测方法和其他相关事项而制定的标准。农业环境保护标准包括水质、水土保持、农药安全使用、绿化等方面的标准。

7. 农业工程和工程构件标准

围绕农业基本建设的各类工程的勘察、规划、设计、施工、安装、验收以及农业工程构件等方面需要协调统一的事项所制定的标准。如塑料大棚、种子库、沼气池、牧场、畜禽圈舍、鱼塘、人工气候室等。

（四）根据标准的性质分类

1. 技术标准

对标准化界域内需要协调统一的多次重复的技术事项在一定范畴内制定的标准。主要指事物的技术性内容，如种子、种苗相关的技术标准。

2. 工作标准

对标准化界域内需要协调统一的工作事项而制定的标准。工作标准是指一个训练有素的人员完成一定工作所需的时间，其完成这样的工作应该用预先设定好的方法，用其正常的努力程度和正常的技能（非超常发挥），所以也称为时间标准，包括针对部分特定岗位而要求相关人员和组织单位在生产、经营、管理中的职责和权限，以及对各种过程的定性与定量要求及考核评价和活动程序要求等。

3. 管理标准

对标准化领域中需要协调统一的管理事项所制定的标准，如标准分级管理办法、农产品质量监督检验办法、各种审定办法等。管理标准按其对象可分为生产组织、技术管理、行政管理、经济管理、业务管理等。

三、农业标准化的作用与现实意义

(一) 农业标准化的作用

1. 农产品质量安全体系的重要支撑

农产品质量安全体系由标准、执法、监管、检测和认证构成,其中,标准化是整个农产品质量安全体系的基础和核心。标准是共同遵守的准则要求,即"共同规则"。产品若达到标准,即为合格;反之,就不合格。可见,农业标准是后续的农产品监管、检测、执法等程序的有力支撑和依据,促使体系有的放矢,有据可依。

2. 规范和统一农产品生产经营管理行为的技术依据

标准既然是共同准则,就应该贯穿于农产品生产、加工、流通的全过程,使农业生产遵循统一的技术标准和生产操作规范。在发达国家,农业生产从品种选育到种养管理,再到加工包装、储存运输、上市销售等过程,都有一套标准化的操作规范。例如,欧盟各国在农产品生产过程中,都遵守有关质量安全的技术法规和标准,实施生产操作规范,把相关的技术法规和标准贯穿于生产、加工、流通的全过程。

3. 评价农产品安全水平高低和质量优劣的重要尺度

标准是一种规则,可以打击制假制劣的生产者,解决贸易纠纷,稳定社会秩序。根据标准的内容,可以对农产品的质量优劣和安全水平进行真实的评价,从而实现打击劣质农产品的目的,保护消费者的合法权益。

4. 农业行政执法的重要保障

标准既是评价规则,也是农业行政执法的依据和重要保障。只有有了可行的标准,行政执法才能做到有法可依、有据可循。

5. 引导农产品生产、加工和消费的重要指南

技术法规、生产操作规范、安全标准等贯穿于农业生产的生产、加工、流通和消费的整个过程,不但可以指导生产经营者合理、合法、合规经营,向市场提供合格安全的农产品,而且可以引导消费者增强食品安全意识,形成健康、良好的消费习惯。从长远来看,各方对标准的遵循和重视关注,对整个农业生产和消费将起到有效的引导和约束作用,促进农业生产的健康持续发展。

第九章 农业现代化

（二）农业标准化的现实意义

农业标准化是现代农业至关重要的根基，是推动科技成果转变为现实生产力的可靠途径，其在保证农产品安全质量不断提升的同时，也在逐步提升农产品的市场竞争力。农业现代化的实现、农民收入的提升、经济效益的提高都离不开农业现代化。在新世纪新阶段，为推动农业产业革命，要加快推进农业标准化的进程。

经过不断努力，我国现代化农业标准体系日渐完善。通过农业标准化建设，农业生产与农产品的贸易和加工得到规范与约束，在保障农产品安全与质量的同时，实现农业增效，农业的可持续发展能力得到增强，农民的收入水平持续提升。

1. 推进农业标准化是农业经济结构战略性调整和增加农民收入的必然要求

优化产业结构、提高效益和品质是调整农业结构的重要目标之一。将涵盖农产品生产、加工和流通在内的农业标准化大力推广至基层，是实现这一目标的有效途径。农业标准化促进农业生产区域化和专业化的发展，在此基础上，促进农业的战略性结构调整。农业标准化涵盖农业生产的产前、产中、产后等多个环节，将市场需求和使用安全作为目标来制定农业标准。农业标准在实施时，要综合运用新成果、新技术来普及推广新品种。为合理利用农业资源，促进农业素质的持续提升，在推进传统优势产业转型升级的同时，要推动农业生产结构向更加优质、高效的品种结构进行调整。

2. 推行农业标准化是加强农产品质量监管，保障消费安全的基础性工作

随着人们物质生活水平的不断提升，农产品的安全、质量问题愈加受到社会大众的关注和重视。人们需要的是高品质的、有安全保障的农产品。因此，必须构筑与中国当代农业和农村生产力发展相适应的产品质量安全体系、检测检验体系、认可认证体系。以上三大体系，对农产品质量安全标准体系起着基础性的作用。

3. 农业标准化是促进农业科技成果转化的有效途径

科学技术作为推动生产的第一动力，"科技兴农"的基础和载体是农业标准创新化。农业标准化来源于农业科技创新，又担负着农业科技创

新转向现实生产力的重任。其通过将成熟的经验和先进的科学技术组建农业标准,推行至农业生产和经营的各个方面,力求将科技成果转换为现实的经济效益,从而实现经济、生态和社会效益的最大化。将科技成果转为标准,在提升成果应用覆盖面的同时,可以实现高效、高产、优质的目标。值得注意的是,科技创新在促进标准科学化的同时,标准的提升也在促进科技的创新。

4.农业标准化是增强农产品国际竞争力和调节农产品进出口的重要手段

要着眼于农产品的优势,改进提升其不足之处,在守住既有市场的同时,打开更广阔的国际市场。为实现以上目标,就必须下大力气提升我国农产品的国际影响力和国际竞争力,促进农业的标准化进程,提升我国农产品贸易技术的保护水平。

四、农产品质量安全

农产品质量安全是农业发展和现代化建设过程中亟待解决的重大问题。农产品质量安全,不但是关系农业发展和现代化建设进程的经济问题,而且是关系到国计民生的政治问题。

(一)农产品质量安全的概念

农产品质量安全指农产品的可靠性、使用性和内在价值,农产品质量要符合保障人的健康、安全的要求,即无毒、无害,符合应当有的营养要求,对人体健康不造成任何急性、亚急性或者慢性危害。农产品的质量是指农产品的营养、品质、感官(质地、色泽、香气、味道等),安全是指危害人体健康物质的污染、残留(重金属、农药、兽药、病原微生物、生物毒素等)。安全农产品的特点是:不应含有可能损害或威胁人体健康的因素,不应导致消费者急性或者慢性中毒或感染疾病,不应产生危及消费者及其后代健康的隐患。总之,农产品质量安全是农产品安全、优质、营养等要素的综合体。

(二)农产品质量安全问题危害的特点

1.危害的直接性

不安全农产品直接危害人体健康和生命安全。因此,质量安全管理工作是一项社会公益性事业,确保农产品质量安全是政府的职责,没有国界之分,具有广泛的社会公益性。

2. 危害的隐蔽性

仅凭感观往往难以辨别农产品质量安全水平,需要通过仪器设备进行检验检测,甚至还需进行人体或动物实验。部分参数检测难度大、时间长,质量安全状况难以及时进行准确判断,如重金属、生物毒素等的检测十分困难。

3. 危害的渐进性和累积性

农产品对人身体的危害不易被察觉,往往需要经年累月的堆积才能显现。例如,一些残留在人体内部的兽药和农药,只有衍化成疾病才能被人们发觉。

4. 影响的传递性

由于农产品具有同质性,一旦个别农产品出现安全事故,消费者就会对同类产品所有品牌都不信任。

(三) 影响农产品质量安全的主要因素

1. 物理性污染

物理性污染是指由物理性因素对农产品质量安全产生的危害,是在农产品收获或加工过程中因机械、人工等原因使农产品中混入杂质,致使农产品受到毒害物质的污染。例如,农产品因机械或人工操作失误、辐射过量等均能使农产品受到不同程度的污染。唯有严格按照操作标准操作才能有效避免这类事件的发生。

2. 化学性污染

化学性污染是指在产品的生产加工过程中因过量使用化学合成物质而造成的产品质量安全问题。标准化生产可以控制因使用兽药、添加剂、农药而引起的化学性污染。

(1) 农药残留。农药使用后残留于生物体、食品(农副产品)和环境中的降解物和杂质以及有毒代谢物的总称,主要来源于农业生产施用的直接污染、环境的间接污染、食物链和生物富集、运输和储存过程中的二次污染等。其主要种类有有机氯类、有机磷类、氨基甲酸酯类、拟除虫菊酯类、杀菌剂类等。

（2）兽药残留。动物产品的任何可食部分所含的兽药母体化合物或代谢物，以及和兽药有关的杂质残留，来源于预防和治疗禽兽疾病、饲料添加剂、食品保鲜、改良品种（瘦肉精）等生产过程，种类有抗生素类、磺胺类、吡喃类、雌激素类等。

（3）重金属污染。其主要来源为次生环境污染（人类活动对环境造成的污染，尤其以废弃物最为严重，如汞在沉积物中检出高达 200 mg/kg），部分来源于原环境（天然形成的，如未污染的土壤中，汞的平均浓度为 0.007 mg/kg）。

（4）硝酸盐、亚硝酸盐污染。其来源于食品添加剂（直接来源）、生物机体的合成、含氮化肥和农药的使用、工业废水、生活污水（主要来源）等。

3. 生物性污染

生物性污染是指因自然界之中的各种生物性污染对农产品的安全和质量所造成的损害。例如，病毒和部分毒素、致病性病菌污染。另外，农业转基因技术易引发农产品的质量安全问题。生物污染有着控制难度大、不确定性强的特性。

4. 本底性污染

农产品产地环境（水、土、气等）中的污染物（重金属超标、酸碱污染等）严重损害了农产品的安全与品质。本底性污染是治理难度最大的污染，需要调整种养品种或净化产地环境等人为干预措施治理污染。

（四）农产品质量安全认证

我国农产品认证种类主要包括三大类：①绿色食品认证，中国绿色食品发展中心；②无公害农产品认证，农业农村部农产品质量安全中心；③有机产品认证，国家环保总局南京国环有机产品认证中心、中国农业科学院产业研究所有机茶认证中心、农业农村部北京中绿华夏有机食品认证中心等。

无公害农产品、有机农产品和绿色食品的发展，将顺利化解农产品备受质疑的质量安全问题，其不仅促进了农业生产和加工向优质化、专业化、市场化方向发展，还将引导农业生产和增长方式的转变，使农业综合生产能力持续提高。农产品所残留的有毒、有害物质控制在安全质量范围之内，且经相关部门认证后，安全质量指标符合《无公害农产品

（食品）标准》的农、牧、渔产品（食用类，不包括深加工的食品）即可称为无公害农产品。由农业相关部门认证的无公害农产品认证采取产品认证和产地认证相结合的形式。无公害产品标志使用期限为3年。农产品要进入市场，先要保证食品的质量安全。无论是无公害农产品，还是普通食品，都必须满足这一要求。

绿色食品以可持续发展为战略原则，使用独特的生产线生产产品，经专业机构认定后，许可使用绿色食品标志的无污染的、安全的、优质的营养类食品。绿色产品等级分为A级和AA级。在食品生产过程中被允许使用一定量化学合成生产资料的食品为A级，食品添加剂、肥料、兽药、农药、饲料添加剂等化学合成物质和其他不利于环境和健康的物质被禁止在食品加工过程中使用的食品为AA级。根据农业农村部颁布的行业标准，有机食品等同于AA级绿色食品。归根结底，绿色食品仅是普通产品不断演进为有机食品过程中的"平替品"，绿色食品标志有3年的使用期。

有机农产品（食品）是指产自专业的有机农业生产体系，严格遵循国际有机农业标准和法规，并经专业的有机食品认证机构认证后，允许使用有机农产品标志的农副产品。有机食品涵盖奶制品、粮食、水果、蔬菜、禽畜产品、水产品、蜂蜜、调料等多种品类。有机食品的独特之处表现在以下三个方面：①唯有有机食品不允许使用人工合成物质或转基因技术。在生产加工过程中，有机食品不允许使用激素、农药、化肥等人工合成物质或基因工程技术。②只有有机食品需要2～3年的生产转型期。2～3年内有机食品产业才能实现由生产其他食品向有机食品的顺利转型升级。③有机食品坚持人与自然和谐的发展理念，包括了产品生产的全过程。在中国，有机食品的生产加工要严格遵循国家（GB/T 19630-2005）有机食品生产标准，并经专业独立的有机产品认证机构认证。

第十章　农业经济发展趋势

第一节　土地资源的利用与保护

如今,我国的经济社会发展正处于转型阶段,农村改革发展面临的挑战更加严峻,所处的发展环境更加复杂。在促进农村地区城镇化、信息化、工业化发展的同时,要推动农业的现代化进程。目前,我们必须重视的问题是在保证粮食供给的基础上如何确保资源环境不被破坏,经济社会在结构上的变化对农村社会的创新性管理提出了新的有待破解的课题。这些都需要我们保持对形势发展的敏感性,及时分析农业与农村经济运行中存在的突出问题,着力破解影响农业农村发展全局的深层次矛盾,真正发挥好参谋作用。

一、土地资源利用与保护的起源与发展

(一)土地资源利用与保护的起源

自从有了人类的土地利用,就有了土地的保护。中华民族是将土地利用得最好的国家之一,在长期的土地利用中,不仅形成了具有中华民族特色的农耕文化,还形成了农耕文化背景下的土地保护思想、技术和耕作方式。这些土地保护思想和技术使中国的土地资源呈现可持续利用的态势。中国长时期的农耕实行的"精耕细作"的方式,比如,在渭河谷地,经过两千多年的耕作,土壤依然保持着充足的肥力,就是土地持

续利用最好的见证。

在夏商周时期，中国祖先为了能够更好地适应环境，持续地利用土地，开始了最初的土地评价方面的探索。在这个时候，形成了很多关于土地资源利用的文化，如"但存方寸地，留与子孙耕"等一些传统的土地保护思想。

在中国农耕社会的发展过程中，不仅形成了关于土地保护的朴素的思想，还产生了很多土地保护的模式。比如，珠江三角洲的"桑基鱼塘"模式，云南的"哈尼梯田"模式。与此同时，形成了适合于传统农业生产的土地耕作技术。比如，有机肥施用技术、土地疏松技术等。中国传统的土地保护思想、模式和技术为我们现在的土地资源利用与保护提供了启示。

然而，真正意义上的耕地保护起源于20世纪80年代。为保证国家粮食安全，中国实行了最严格的耕地保护制度，制定了土地用途管制政策、耕地占补平衡政策、耕地总量动态平衡政策、农用地转用审批政策、土地税费政策、耕地保护法律责任政策等。

我国人多地少，土地开发历史长、程度高，后备耕地资源有限，耕地保护不仅是国家粮食安全的保障，还是应对国际经济波动的武器，也是中国社会稳定的基石。因此，保护耕地不仅是保障耕地的数量、质量和生态环境，更为重要的是要守住中国文化赖以生存的空间。

（二）土地资源利用与保护的特点

1. 土地保护与土地利用相伴相生

人类在发现"万物土中生"的同时，发现了连作会使作物的产量越来越低，并采取了各种各样的措施保护地力。在我国表现为使用施粪、耕、锄、耙等一整套耕作技术，并形成了间作、套作、轮作等土地利用方式；而在西方，则表现为使用休闲、轮作等技术，土地利用与保护相伴相生。

2. 土地保护的内涵和外延不断扩大

最初的土地保护是人类为了生存空间而进行土地保护，保护土地的形式是设置土地产权，通过产权进行土地保护；而对于具备公共资源性质的土地，不仅需要设置产权制度，还需要通过土地的相关法律、制度、政策来进行耕地保护，并通过土地规划实现对土地资源的保护。

从土地保护的内涵来讲，对于私人意义的土地资源，其内涵是保护权利人的利益不受侵害；而从公共资源角度来看，土地资源的保护主要围绕土地资源的数量、质量、生态安全、景观、文化特点以及生物多样性等角度，土地保护的内涵和外延随着人们对土地的需求转变而发生变化。

二、土地资源利用与保护的意义

（一）土地资源利用与保护的国家需求

1. 国家粮食安全保障的需要

粮食安全不仅可以保证整个国家对粮食的需求，还能确保国家和人民在遭遇不测事件时能够安全渡过。粮食的生产水平和对粮食的消费能力是粮食安全的决定性因素，同时，外贸情况和国家的经济发展水平也会对其造成影响。近年来，我国经济的迅猛发展，大大地推动了国家的城市化进程，城市的规模不断加大，导致建设用地大幅增加，耕地资源不断被占用。由于减少了耕地面积，粮食的产量和供给受到了很大影响。

想要保障国家的粮食安全，就应该对耕地加以保护。粮棉油都是人们生活中的必需品，这些必需品都是由耕地所提供的，大部分的鸡蛋、肉、牛奶等产品也是通过耕地产出的副产品转换得到的。虽然农业科技的运用使耕地的产量有所提高，但粮食生产永远离不开耕地，在以往耕地减少的时代，我国粮食安全问题非常突出。如今人们不仅仅满足于粮食供应充足，还加大了对健康、营养等方面的需求，因此，要求人们在种植农产品时会减少对化肥、农药的使用，这就大大降低了农业的边际效益。人们对于食品的要求也从无害化、绿色食品转变为有机食品，对食品的产地有了更高的要求。

2. 国家生态安全的需要

耕地作为稀缺的自然资源，不仅能够生产食物，还具有很多功能，如维护经济安全、生态系统安全和社会稳定。

土地资源与湖泊、河流、植被等，都具有生态服务功能。土地的生态系统在维持生物多样性、营养物质的贮存、自然灾害的减轻和气候的调节等方面具有重要作用。同时，由于耕地是人工生态系统，它在接受很多物质投入后能够进行高速的循环生产，它的生物生产量远远大于草坪和树木。与相同面积的草坪和树木相比，农作物在进行光合作用时，能够吸收更多的二氧化碳，释放更多的氧气。可见，土地资源发挥着维护生态系统安全的功能，对于满足国家生态安全的需求有着重要的作用。

3. 传统文化传承的需要

土地利用属于历史范畴。人类数千年来在这个土地上生活，人类的历史记忆、精神传承、情感维系和审美变化，甚至人类的一切文明发展，都留在这个土地上。

人类生存在土地上，利用土地创造了很多物质财富和精神财富，由于土地具有不同的地貌，人们生存的环境就有所不同，因此，就产生了不同的生存文化。我们今天有酒文化、茶文化，实际上，土地是一个更大的概念，是包容力更强、涵盖范围更广的文化平台。从文化的意义上讲，土地对于文化传承的作用不容忽视。

4. 经济安全的需要

资源运输通道和国家自然资源供给的安全是传统的经济安全，但随着全球经济一体化的到来，经济安全已将预防外来经济干扰放在经济安全的首要位置。同时，要维持市场平稳运行，就要包括增加市场规模和改善市场结构。土地作为有着资源和资产两种属性的稀缺品，能够通过四种渠道影响宏观经济。作为资源，土地通过产业和生态渠道对宏观经济产生影响；作为资产，土地通过财政和信贷渠道对宏观经济产生影响。

我们要坚持供给制约需求和节约、集约原则，在不影响重大设施建设的情况下，控制非农业用地的规模和增长速度。与此同时，应该完善土地资源循环经济机制，对土地供应和开发行为加以规范，对建设用地的配置结构进行优化，尽可能地激活存量用地，从而保障城乡经济的持续健康发展。

（二）土地资源利用与保护相辅相成、相互促进

土地利用是人们为获得需要而对土地施加资本、技术、劳动力等生产要素的干预过程，其具体表现在土地利用类型、土地利用方式和土地利用强度三个方面。由于土地资源的有限性、位置的固定性、质量的差

异性以及土地永续利用的相对性，要保障土地资源的持续利用，必须对土地利用行为进行规范和约束，以保障土地资源的持续利用。

土地资源利用与保护之间需要达到一种均衡与协调状态，以促进土地资源的持续利用。在土地利用的整个过程中，两者之间既存在统一，也存在对立。

土地利用改变土地利用类型、土地利用方式和土地利用强度，对自然的土地施加了影响，改变了土地覆盖，从而对生态、经济以及社会各个方面产生影响。这些影响包括正面影响和负面影响。正面影响包括满足人类衣食住行的需要以及精神文化的需要，而在利用的同时，往往由于利用方式不当，导致水土流失、土壤退化、耕地生产能力减弱以及气候和水文变化等负面影响。

土地保护是基于土地利用变化及其变化过程的可能影响方面作出的有关制度安排，法律保障以及思想道德的约束，并在自然条件、法律和经济条件的约束下进行的土地保护的行动。

要有效地进行土地保护，就必须研究土地利用变化及其驱动机制，分析土地利用变化过程，剖析土地利用变化可能产生的影响。只有这样，才能形成土地利用的保护方法以及相关的技术手段，保障土地资源的持续利用。

第二节　农业资源的可持续利用

人们对农业资源尤其是农业自然资源进行开发和利用，会对其自身的循环再生能力产生影响，使土地资源处在动态变化的状态中。只要了解了动态变化的原因，掌握了动态变化的规律，就能制定开发和利用农业资源的方案，牢牢掌握利用农业资源的数量和质量的范围，对循环恢复情况形成预估。在开发和利用农业资源时，保证其可利用的长久性，并在这个过程中使资源、人口、经济等元素处于稳定与共同发展的状态，这个状态可称为农业资源的可持续利用状态。

农业资源可持续利用具有三个特点：

时间性：是指以后的人与现在的人一样，能够保持农业资源开发与利用的状态，农业资源经过开发和利用后，不会在质量上受到影响，在时间上能够延续。

空间性：农业资源具有地域性，在对地域内的农业资源进行开发和利用时，不能对地域外的农业资源产生不良影响，同时，地域内的农业资源之间相互依存，达到平衡的状态。

效率性：农业资源的开发和利用必须是高效益、低消耗的。要想达到这个目的，在农业资源的开发和利用过程中，就要以科学技术作为基础，完善各种设施设备，用最低的农业资源利用率来换取农产品的最大产量，实现高效率、低消耗的目标。

一、农业资源可持续利用的理论基础

（一）农业生态系统理论

心理学和生态学这两个学科共同组成了生态系统理论这一新学科，也可以把生态系统理论当成发展中的心理学。生态系统理论的主要观点如下：

（1）人与环境或其他人相处的能力是与生俱来的，人不但可以和环境相因相生、相辅而行，而且还可以增强环境的协调性。

（2）人类都是在有目的的前提下活动的，对适者生存的原则深信不疑，环境赋予了人类存在的意义。所以，想要真正了解人类个体，就要将其置于环境中。

（3）人类个体面对的一些问题，就是他们在活动中面临的所有问题。要想领会和判断这些问题，也要把这些问题置于环境中。

农业生态系统理论同样以生态系统理论为前提，生态系统理论中的个体对应的是进行农业资源利用与开发的人类个体，"环境"就是与人类个体农业生产有关的社会环境和自然环境。从农业生态系统理论中我们可以了解到，人类与环境是相互作用的，人类影响环境，环境也反作用于人类的生产活动。人类在自然环境的利用中起主导作用，如果人类想要与自然资源和谐相处，就要科学地利用自然资源。只有这样，农业生产活动才能与自然资源达到平衡状态，农业生产活动才能高效率地进行。

生态系统理论在农业资源利用过程中需要注意以下几个问题：

（1）在农业资源的利用与开发中，人们面临着很多问题。这并不全是人类造成的，出现这些问题的主要原因是自然资源。

（2）在进行个人对农业资源利用的研究时，要从生态系统理论的四个系统角度进行综合分析。

（二）农业资源可持续发展理论

可持续发展就是不仅要满足现代人类的需求，还要确保能够满足未来人类的需求。因此，要想实现可持续发展，不仅要在当前的利用过程中制定使用的限度，还要通过统计社会、人口、经济等问题的发展趋势，对未来人们的需求进行计算。资源的存储量不足时，人们就要节约使用，物尽其用，并在此基础上，制定恢复资源的对策，以确保未来人们对资源的需求；资源的存储量充足时，人们可以按照自身需求进行使用，但在使用过程中，一定要注意保护资源，不能伤害其恢复的功能，最好是根据资源形成所需的条件为以后资源的恢复提供契机。

人们在对农业资源开发和利用的过程中希望实现农业资源的可持续发展，由此产生了农业资源可持续发展理论。

第一，传统的忽略生态保护、单纯重视经济增长的发展模式已发生改变。

第二，从资源型经济向技术型经济过渡，对经济、社会、环境和资源带来的收益进行统筹分析。

第三，随着农业生产活动中对科学技术的利用，优化农业生产方案，进行清洁生产，提高农业资源的利用率，减少废气废水的排放，使农业资源和农业生产协调发展。确保社会经济的良性发展不但能够满足现在人们的需求，而且不会威胁到未来人们的发展需求，从而实现社会、资源、环境、经济与人口的稳定发展。

二、农业资源可持续利用的原则与措施

（一）农业资源可持续利用的原则

要实现农业资源可持续利用，就要遵循以下原则：

1. 因地制宜

每个地区的农业资源都有其独特的特征，尤其是农业自然资源。要想实现农业资源的可持续利用，就要将区域内的资源作为资料进行采集

并加以分析。只有这样，才能制定出适用于农业资源利用的方针。

2. 利用和保护有效结合

农业资源的可持续利用不只是针对农业资源的开发与利用，更是在农业资源利用过程中对其进行保护。农业资源利用的规模、方式、密度等要素都在需要保护的范围之内。

3. 经济效益与生态效益相结合

我们对农业资源加以利用是为了获取经济效益。在这个过程中，不能只追求经济效益，还要使原有的生态效益达到平衡，甚至在之前的基础上进行优化。

4. 局部与整体的和谐关系

农业资源涉及方方面面，对于农业资源利用，要通过整体性和地方性达到其目的的和谐统一。农业自然资源、农业环境资源和农业社会经济资源这三种资源要达到可持续利用，本区域内的农业资源才能实现整体性，农业资源所带来的经济效益和社会效益才是长期的。

（二）农业资源可持续利用的措施

1. 要想合理利用耕地资源，就要制定完善的经济土地利用制度

经济土地利用制度体现了集约化的土地利用方式，对原有的土地利用方式和新的土地开发方式提出了诉求。节约用地机制不但制约新用地开发方式，而且对新用地开发的范围提出了一些要求。新增建设用地选址要求不影响耕地。根据节约集约用地制度的规定，在进行土地资源的开发与利用时，要达到土地资源的考核和评价指标。对耕地资源来说，要对所要种植的品种、种植的目的、种植所需要的年限和所能达到的产量等各个方面提出要求；对建设用地来说，在建设过程中，应该严格按照规章制度实施，相关部门也要严格进行监督和管理，以确保本区域土地利用的有效性和生态性。还要改革土地有偿使用机制，扩大土地市场配置。对于耕地资源来说，这是促进土地高效利用的重要因素之一。要扩大耕地资源国有土地有偿使用范围；要优化土地储备制度，引入市场机制，提高土地利用率，激活闲置土地。

2. 大力发展生态农业

在进行自然资源的开发与利用时，要把生态经济学和生态学相结合，

作为自然资源利用的理论基础，依照科学技术的指导，遵循完善的系统方案，科学高效地利用自然资源，实现高产出、低消耗，保持生态平衡、和谐发展的良好局面。

要想促进生态农业快速发展，首先，要培养相关的建设人才，通过他们来促进生态农业的发展。其次，当地政府要发挥带头作用，向人们普及生态农业知识，培养村民这方面的意识，在村干部的组织下，将自己的规划有条理地反映出来，从而实现生态农业的良性发展。只有实施生态农业规划，才能实现农业资源的可持续利用。在进行生态农业意识培养和计划普及的同时，还要重视生产技术的研发，如灌溉技术、施肥配方技术等。

3. 强化市场作用

为避免对农业结构进行盲目的调整、从众的调整、被动的调整和低水平的调整，要深入研究潜在市场，找准切入点，引导农民主动调整农业结构。以产地为中心，建立大的批发市场与专业市场，在市场的带动和引导下，形成以农业为主体的支柱产业。

4. 加大资金投入，升级农业产业结构

农业产业结构优化升级需要市场化运作、分工明确的投融资体系，以引导社会资金流动，调整产业结构，优化投融资渠道。一是要加大财政投入力度，建立财政对农业投入稳定增长机制，形成稳定的财政涉农资金来源。二是加强对农业银行、农业发展银行、农村信用社等金融单位的信贷支持。三是积极引导民间资本和外资投入开发建设的农业生产加工项目。

5. 提升服务管理

改革管理体制，在宏观管理层面，优化服务结构，转变政府职能，加强农业服务职能的社会化，避免政府职能交叉以及多分支、多管理，从而提高行政效率；在微观管理层面，鼓励形成行业协会和大型农业企业。政府将其社会功能交给这些组织，并逐渐退出对农业的直接干预；在农业政策上，提高农业投入比重，完善农业信贷政策，建立农业专项保险制度，降低农业结构调整风险。

6. 构建农业资源核算体系

建立农业资源核算体系，从量上系统地反映农业资源的开发与利用情况，以及人口、经济、环境、生态等因素在资源利用过程中的内在系统性体现，以数据形式为评估资源可持续利用提供依据。农业资源核算体系的内容包括农业资源核算方法、核算指标和核算模型。

农业资源核算体系的建立不但反映了农业资源之间的关系，而且规范了资源核算和计量的方法，使各地区农业资源的利用情况能够进行统一计量和有效比较。农业资源核算体系，必须以相应的农业资源开发与利用谱系作为评价指标。核算数据时指标较多，农业资源利用情况不容乐观，存在潜在危机时，要及时解决；当核算数据在评价指标范围内时，则表明农业资源可持续利用，应保持原有的利用方式和状态，或者可以优化利用。

7.加强法治建设和管理

加强法治建设和管理，首先，要切实落实"一个平台、三个系统"原则。"一个平台"指的是在建设产业集中的区域，通过产业融合，促进主要生产要素结合，形成竞争和发展驱动的强大条件，打造资金、技能、人才的高地。"三个系统"包括以下三点：一是现代产业体系，加快建设工业和现代农业主导的产业、现代服务业、高新技术产业等基础产业相互支撑、相互成长的产业体系；二是现代化城市体系，大力发展城镇化建设；三是自主创新体系，加大科研力度。真正落实"一个平台、三个系统"构想，在落实过程中要结合农田利用的相关制度。其次，建立立体的监管体系。一是加强天空监管。通过技术手段提高卫星监测的频率、密度和范围。通过卫星监测，对重点区域、重点时期和重点工程进行检测。二是要加强地面落实。要建立一整套完善的动态检查监督制度，对各方面资源的利用和监测实行职责分工，明确监督任务。各省、市、县要采取大监管、小监管的模式，把巡视、监管责任落实到区域、岗位和人，做到人人监督，不留盲区。三是加强网络管制。通过网络系统内存进行监督管理。在传统管理模式下，下级主动向上级报告资源利用数据；而在网络管理中，上级可以通过网络系统进行独立调查。图纸形式的动态测试平台，不仅可以促进上级对下级的监督，还可以在利用资源时实行批、供、用、补。最后，国家的相关部门要进行有效沟通，密切配合。通过各部门制订的相关计划对农业资源的利用情况进行监管，发现违法行为第一时间进行严厉整改，以保证各部门工作的顺利进行。一是要通过教育的方式对农业资源科学开发与利用的重要性进行普及，并提供相关的知识和正确做法。二是完善各部门的工作职责，使各部门能够相互配合。三是各部门要严格按照相关制度进行监督，发现违法现象时要依法予以处置。四是各部门在进行检察工作时要公开透明，让人们知道政府部门的工作内容，了解农业资源利用的相关法律制度，能促使人们进行自我监督，自觉依法办事。

第三节 发展农业循环经济

农业循环经济实质上是一种生态经济，是对传统农业发展理念和发展方式的一次革命。从本质上讲，发展农业循环经济，是由农业本身的特质和发展规律决定的。农业循环经济是一种创新机制，它不但能够使农业污染得到一定程度的控制，而且能够使农业资源的利用率得到大大提高。发展农业循环经济能够使农产品的安全得到保障，进一步推进生态文明建设，早日实现良好的农业生态环境。要建设社会主义新农村，就要重视农业循环经济的发展。因此，要坚持农业循环经济的原则，保护农村环境，建设良好的生态环境。农业循环经济作为新的经济发展模式，有别于传统的经营模式，它坚持循环经济和可持续发展理论，把农业经济的发展和环境的保护进行有机结合，现已成为我国农业经济发展的重要形式。

一、政府引导农业循环经济的必要性分析

可持续发展的过程并不是固定不变的，为了适应不同的经济社会发展状态，必须积极探索新的实施方式。正是在这样的要求下，政府相关部门都把工作重点放在了农业循环经济上。人们普遍认为，顺应发展循环经济的潮流，是实现农业可持续发展的必然要求。

（一）农业循环经济是保持农业可持续发展的有效途径

1. 以发展现代化为目标的可持续性农业，要求将农业和循环经济结合起来

使传统农业走可持续发展道路不仅是发展现代农业的缘由，还是农

业发展的终极目标。现代农业的发展要以可持续发展为依据，这是未来农业发展的必然趋势。农业可持续发展是有着丰富内涵的概念。高旺盛教授认为，这个概念主要体现在协调发展的"三个可持续性"上，即生产可持续性、经济可持续性、生态可持续性。生产的可持续性，就是农产品供给稳定，有能力满足人类社会可持续发展的经济需求；经济可持续性就是不断提高农民的收入，提高其改善生活质量的能力，实现农村工业化程度、农民生活水平的提高；生态可持续性，就是提高人类抵御自然灾害的能力。这种能力对于农业发展至关重要。想要实现农业的良性发展和经济增长，就要把开发、保护和改善资源环境作为前提条件，否则，传统农业和现代农业将会陷入困境。

传统农业现代化是农业循环经济探索的反应和阶段性特点。为了实现农业的可持续发展，人们开启了很多新思路，制定了一系列制度。只有在这个特殊阶段努力践行，才能使现代农业得到良性发展。

2. 发展循环经济是实现农业可持续发展的内在需要，是实现环境、资源和社会经济可持续发展的核心

农业是对自然和环境依赖性最强的产业，因为它直接从自然资源中获得所需要的农产品，然后通过加工形成产品，产品再流通才得以发展。保护农业资源、保护环境是农业可持续发展的核心，资源的可持续利用是其本质。因此，要想实现农业的可持续发展，应该将高效利用自然资源和保护生态环境作为工作核心，遵循"减量化、恢复农业生产，对资源进行回收、再利用"的原则。例如，可用冲洗养殖场的废水来灌溉农田。也就是说，我们在利用资源时，要从多个层次、多个维度来考虑各个要素所具备的特性，使资源的利用率达到最大化。

（二）发展农业循环经济能够促进农民收入增加

要衡量农村经济的发展程度，就要以农民的收入作为关键尺度，农民收入是当地经济发展水平的重要体现。如果农民收入一直处于缓慢增长的状态，那么就会直接对整个农村经济的发展造成不利影响；同时，工业市场容量的扩展会受到约束，这对整个国民经济的发展十分不利。如果不革新解决农民收入问题的思路，那么我国的加工业、服务业就不会迎来更大的市场，很难将中国所具备的潜在的巨大消费能力释放出来，

也很难保持经济平稳且较快发展的步伐。

1. 有利于农民在生产过程中节约开支，农业资源的利用率能够大大提升

农业资源是稀有且有限的，从客观上说，在所有的农业生产活动中，我们都要珍惜农业资源，尽可能地开发与利用有机资源，提高其利用率。通过生态系统中生物之间的关系，将剩余的有机资源变为经济产品，投放到农业生产中，取代或加入新的生产要素，以此来提高农民的收益，使农民的收入增加。

2. 有利于适度规模化生产经营的形成，变"粗放型"为"集约型"农业生产方式

虽然政府和社会公众都很关心生态效益，但是否大力推广一种农业模式的关键并不在于此，而是在当前的市场经济条件下，这个模式是否可以给人民群众带来经济收益。因此，要想发展农业循环经济，就要利用区域资源内的优势、废弃物分布和产业结构的特点，使区域形成大范围的循环，加快家庭小规模生产经营向规模化、集约化的大生产经营模式转变。"集体化"能够增加农作物的产量，通过产量的增加来增加农民的收入，并且能够使大量劳动力得到解放，向城乡非农产业转移，使农民拥有更多的收入来源。例如，发展生态旅游、经营农家乐等，都为农民走向致富路开辟了新的道路。农业生产的规模化经营模式，不但能使农业生产的成本减少，使农业抗风险能力得到加强，使农业生产经营效益得到提高，而且在市场竞争中，可以使长期在市场竞争中处于劣势地位的单个农民变成具有市场竞争能力的主体，增强其谈判能力，保护其合法权益，从而增加农民的收益。

3. 有利于促进农民就业，带动人力资源开发

根据循环经济的原理，对循环经济促进农村劳动力就业的运行体制进行分析。在发展循环经济的要求下，各个企业或者行业之间形成关联度，或者潜在性的关联度，使各个产业能够进行产业链接，达到产业间共享能源的目的；提高管理供应链的水平，对重点业务进行挑选和整合，降低消耗量，使生产效率和服务质量得到提升，增强核心竞争力。对产业链进行整合，促进产业向其他领域延伸，促进产业之间的融合，出现第三产业向第一、第二产业发展和渗透的趋势，促进农业、工业和服务

业进行内部的深度融合,以此来适应市场的新要求,提高市场竞争力。

所以,在发展循环农业时,要对产业链进行整合,促进产业向其他行业延伸,可以增加内生就业机会,使农民就业问题得到有效解决。要想实现农业循环经济的发展,在进行农业生产时应该运用产业化的生产模式,形成"产业网络"或者"产业链"。这能够提高农业生产和人员的配置方面的效率,增加农业领域的就业机会。通过发展农业循环经济,畜牧业、园艺和农产品加工等产业的规模会逐步扩大,这就为农村的劳动力提供了更多的就业机会。

二、政府推动农业循环经济发展的对策

(一)制度建设是发展农业循环经济的基础

1. 推进农业循环经济法治建设

发展循环经济可以采用以下两种手段:一是依靠价格政策、经济政策;二是依靠法律法规。也就是通过法律监管机制促进其发展,才能达到事半功倍的效果。循环经济一定要深深植根于社会大众的心里,要想建立农业循环经济系统,并实现农业发展的可持续性,就要建立完善的法律支持体系、规范的行为准则和明确的具有导向性的系统。发展农业循环经济需要改变以往传统的生活和生产方式,明确转变方向。如果没有明确的理念和价值观为循环经济指示发展方向,没有规范的行为准则对其行为进行统一,循环经济的发展就会陷入混乱之中。所以,有必要加强农业循环经济的立法和制度建设。只有这样,循环经济才能成为人们都重视并遵守的准则,而不仅仅是一种经济理论。完善保护生态环境的法律法规,如农业废弃物的利用标准和无害化的处理方法、市场准入制度、农副产品认证制度等,建立健全的生态农业发展机制和激励政策。

法律具有引导功能、教育功能和强制功能。因此,在发展循环经济时,要对相关的法律法规加以完善,并利用其强制功能转变农民传统且陈旧的思想意识,加强环保意识,帮助农民改变以往小农观念,用发展的眼光看问题。同时,还可以充分利用循环经济立法的引导作用,通过经济激励机制、信息服务体系、技术支持体系,帮助农民解决在发展过程中遇到的各个方面的难题,如技术、资金、信息等,从而对农业循环

经济发展带来的未知风险进行预估并化解，打消农民顾虑，使农业经济的循环发展顺利进行。

要坚持因地制宜、循序渐进的原则。市场经济具有选择产品、传递信息、促进经济发展、进行收入分配、促使政府转变执法方式和提高执法效果等功能。所以，发展农业循环经济要以市场经济发展规律为依据，充分发挥市场经济的这些功能。然而，这些功能具有自发性和互动性，如果其相互作用和自发性没有受到政府的合理干预，就会出现市场失灵的情况。所以，要想更好地发展农业循环经济，政府一定要最大限度地发挥相应的服务、技术和政策引导甚至强制干预的功能。在立法中，应将市场促进与政府引导相结合，不仅要对发展中的市场失灵现象进行整治，还要对以往政府过度干预市场而产生的问题加以解决。我们不应该越俎代庖，做一些应该由市场机制来解决的事情。

坚持将农业资源的开发、利用与保护结合起来的原则。要想发展农业生产，就要以自然资源作为物质基础。如果没有自然资源，没有农业劳动对象，农业生产就无法进行；如果农业资源遭到破坏，农业发展的可持续性也就无法实现。所以，必须重视对农业资源的保护，并对其进行合理的利用，以确保农业的良性发展。要加强开发与利用农业自然资源相关工作的监察和管理。遵循生态经济规律，合理地开发与利用自然资源。在这个过程中，还要对农业环境和农业资源加以保护。只有这样，才能促使农业生态系统进行良性循环，并早日实现资源的持久利用。

2. 建立政府经济激励机制

完善法律法规体系，能够为农业循环经济发展提供强有力的法律保障，并使各个行为主体间的关系规范化。然而，想要发展循环经济，并不是只在法律、法规方面进行规范就可以。一些西方国家通过循环经济的实践，证明在发展循环经济时，经济手段也发挥着非常重要的作用。农业循环经济要以市场经济的一般规律为指导，它的发展主体是农民与企业。"经济人"的自然本性决定了经济行为是能够产生经济效益的。在传统经济中，无论是企业因为过分逐利而形成的负外部性，还是循环经济实施后形成的正外部性，都能够在经济手段的作用下内部化。因为企业天然具有"经济人"的性质，所以经济激励手段可以实现比强制制度更高的效益和更低的交易成本。

（二）政府生态服务职能是引导农业循环经济的保障

生态服务政府范式是以"生态政府"为运作范式，以"服务政府"作为理念范式并将二者相互结合、融合统一的产物，它被看作服务政府理念范式的具体体现。"生态政府"的基本目标是实现人与自然和谐相处，基本职能是促进生态平衡，遵循自然生态规律，并且要把基本目标和基本职能贯彻到政府的各个方面，如政府的行为、制度、文化方面。所以，政府不仅要在发展农业循环经济时发挥引导作用，还要对政府在生态服务方面的功能进行完善，为建设生态服务型政府而努力。换言之，政府生态服务功能的实现要以其价值理念为首要前提，生态服务理念也是政府生态服务制度、运作机制的灵魂。

农业循环经济运行的基本机制是市场机制，然而，农业循环经济之所以比传统农业的发展模式优越，关键在于它内在的价值导向，它并不是为了发展经济而发展经济。首先，它遵从的是市场经济的价值规律，使其自身发展得到巨大的动力，而不只是停留在理论上改变环境状况的美好愿景中。其次，农业循环经济发展模式的真正基础，是被社会广泛认可的经济价值潜在的生态价值。因此，农业循环经济从短期经济利益出发，不仅仅重视经济利益，还考虑后代所依存的生态环境。这样，在发挥农业循环经济生态价值时，政府所具备的生态服务功能便得以彰显。第一，农业生态环境属于公共物品，有着巨大的公共意义，它是农业循环经济的公共、整体、社会长远利益的清晰展现。政府作为其他组织和个人的公众代表，应该承担起相应的责任。第二，农业生态环境的相关问题在一定程度上是跨区域的，这样，政府就能充分发挥它的强制性、合法性和宏观调控能力，而其他组织和个人都不能与政府相比。第三，虽然生态公民社会在日益壮大，企业的生态责任也在逐渐增强，但政府依然是生态环境治理工作的主力，其他主体都不能代替政府。反之，相关企业的发展壮大、民间生态组织的发展、公民生态治理意识的培养，也需要政府在培育、倡导、宣传等方面发挥作用。

（三）引导农民积极参与发展农业循环经济

马克思主义认为，在经济社会发展中，人是主体。人的自由而全面发展是人类社会发展的最终目标。在社会主义新农村建设中，第一资源是人，农民素质不实现现代化，农业和农村就不可能实现现代化。

1. 转变农民的观念，循环经济得以发展的重要前提是促进农业循环经济理念扩散和新观念的更新

农民的观念对农业经济的发展有着最直接的影响。要转变农民的传统观念，树立新型的循环农业发展理念，调动农民在循环农业发展中的自觉性和积极性，为循环农业提供坚实的社会基础。所以，在农业宣传教育工作中，要将转变农民观念作为工作的重心，引导农民摒弃小农意识，摆脱现状，自觉融入市场经济的大潮和现代农业建设的发展中，让他们意识到经济时代已经到来，简单的体力上的消耗已经不能满足新时代对于生产劳动的需求，现代农业需要技能与体能、知识与勤奋相结合的支出。还要让他们清楚，世界科学技术手段在不断进步，经济飞速发展，只有不断学习，积极接受教育，运用现代科学技术，才能跟上社会发展的步伐。要培养农民的环境保护意识以及资源危机意识，宣传循环经济知识，慢慢培养农民保护环境、节约资源的生活、生产观念。

发展循环农业，农业劳动者作为参与的主体，就要不断汲取新的知识，学习新的技能，树立终身学习的观念。如今，农村人力资源开发工作要将培养农民良好的学习习惯和再学习的能力作为重要任务，培养学习型的家庭，让农民在科学中劳作，通过自身的学习和技能的培养，能够在日常劳作中避免一些不必要的损失，从而提高经济效益。

农业循环经济是运用知识来发展经济，农民群众也要树立知识能致富的观念。在21世纪，谁拥有知识，谁就拥有财富。培育和开发土地需要知识，农业人力资源开发工作旨在让农民掌握并运用知识来耕地，继而创造更多的财富。大力挖掘农民的潜力，在生产过程中，从之前的以体力劳动为主转变为以脑力劳动为主，懂得在劳动中运用各种现代化的工具，用各种知识引导劳动，用知识致富。

2. 继续加大农村人力资源开发投入力度

在其他条件一致的情况下，人力资本高的农民可以通过土地与自身相结合，来生产更多的产品，得到更多的财富，从而增加自己的经济收入；如果人力资本低，就会导致产出效率也低，进而对农民增收造成不利影响。因此，在建设农村人力资源时，国家要对其加大资金投入，提供

更多的教育经费,继续提高政府在教育支出上的比重,确保教育支出的增长率高于政府整体的财政支出增长率。鼓励社会加大对教育的投入,特别是鼓励和宣传富裕农民为教育筹款捐资,为开展农村教育工作筹捐。增加个人和家庭对教育的投资。同时,政府要实行为大学生去农村创业提供信贷和融资、为农民提供入学贷款等优惠政策。另外,政府还应在农村商业、卫生、保健、医疗等方面加大资金投入,努力使农村地区的医疗条件、自然环境条件得到改善,为农民群众增强身体素质提供资金保障。

有了充分的信息供给,农民才能更好地提高认知程度、掌握知识和参与农业的循环经济发展。政府要整合现有的农业信息传输系统,对农业循环经济的信息网络建设加以完善,提高网站的质量,扩展网站的信息量,使农民紧跟时代步伐;要对信息标准化建设加以完善,使农村信息平台向智能化方向发展,提高循环农业信息资源的共享性,为农民群众提供全面、便捷、高效的信息咨询服务;推进农村的信息化进程,使信息早日进入农民的生活中,把政府互联网工程的工作重点放在村组两级,不断提高农村基层适应市场的能力,形成把握发展农业科技的能力,增强农民参与发展农业循环经济的自觉性和积极性。

3.建立农民群众投身循环农业发展的激励机制

农民群众的积极参与是循环农业健康发展的重要保障。发展循环农业,引领农民参与循环农业生产工作,不仅要依靠农民自身的自觉性,带动农民的个人积极性,还要加大农村社区、农村集体和农民的参与度,建立规章制度和激励机制,以此来吸引农民发展循环经济。

首先,要在村里制定村规,落实环境保护责任制,提高广大农民的生态保护观念,规范村民的生产和生活方式,使农民群众在日常生活中逐渐养成良好的生活生产习惯,督促村民对垃圾进行收集和分类,通过这些手段来促进农村循环社会的形成。其次,设立农村社会回收中心,有偿回收农村居民的废弃物。再次,设立农业循环服务机构,指导村民使用循环技术,使循环农业技术走进农村的各家各户。然后,对积极践行资源循环利用的村民在精神与物质上给予奖励,提供生活、医疗、养老、设施建设投入等补贴。最后,对农村基础设施建设加大投资力度,支持农民群众兴建沼气池、储水箱和风能、太阳能、地热等节能设施,科学地改水、改厕、改厨,促进农民群众充分利用生产生活的财力、物力和时间、空间，使农村地区旧貌换新颜，大力推进社会主义新农村建设。

（四）完善农业循环经济技术推广服务体系

在大规模推广农业新技术的应用时，农业循环经济的科技推广体系发挥着不可替代的作用。要想进一步促进循环农业科技的发展，就要优化农业技术推广服务体系，使其农业技术推广功能得到进一步完善，促进农业科技成果向农业生产力的转化。循环农业科技推广体系有着不可比拟的公益性职能，它的职能有促进农业科技成果的转化，组织农业标准化生产，实用技术的推广应用和指导，加强农业质量检验监测，推进无公害绿色食品的发展，加强农民素质培训，它作为主要载体，促进科技兴农战略的实施，并为推动农业科技成果产业化提供支持。政府组建推广团队履行公益职能，是我国循环农业的科技成果形成产业化的客观需要，是世界各国在农业发展领域通过实践得出的经验。所以，首先要对政府机构在推广循环农业技术中发挥的主体作用进行强化；其次要构建由科技企业、高等院校、科研部门、科技示范户等主体组成的多元化的网络体系。

第四节　农业产业化经营

农业产业化经营的实质是利用现代的科学技术手段对传统农业进行改造，通过管理现代工业的方式对现代农业的生产和经营进行管理和引导。农业产业化经营要以农民为基础，以家庭联产承包责任制为依据；以国内外市场为导向，通过市场自身的机制对农业生产进行调控；注重经济效益，不仅提升农业产业化经营的经济效益，还要带动农民群众获得更多的经济效益。通过大规模经营，使双方都可以实现规模经济；通过中介组织或者龙头企业的主导作用，把农业再生产中的产前、产中、产后三个环节进行整合，形成产业链，建立具有完整的"风险共担、利益同享"农业产业化管理体系的经营模式和组织方式。

第十章 农业经济发展趋势

一、农业产业化经营的必然性

（一）农业产业化经营是社会主义市场经济发展的必然产物

第一，农业生产要想在广度和深度上得以发展，必须对农业资源配置加以优化，提高生产要素的利用率。优化资源配置，就是将有限的资源在工农业之间、农业主体之间、区域之间进行配置。如果资源能配置好，农业生产的效率就会提高，生产发展就快；相反，如果资源配置得不好，那么农业生产的效率就会低下，生产发展就很慢。农业产业化要以国内外市场为导向，遵循市场经济规律，运用深层次机制优化资源配置，实现农业资源效益最大化。

第二，在经济价值规律的影响下，农业产业化要合理调配城乡资源，推动各种要素进行优化组合，在产业统筹的作用下促进城乡经济社会协调发展，推动农村的城镇化进程。对资源进行合理利用，节约人力和物力，这是提高劳动生产率和资源利用率的有效手段。

第三，农业专业化分工要调整农业产业结构，从而促进农业产业化经营。市场经济体制下的农业企业要为投资的最终结果负责，所以决策者不得不对市场动向密切关注，并深入市场进行调研，在确定投资规模和方向时，都要以市场需求为依据。政府作为宏观的管理者，也要时刻关注市场供需变化，并以此作为制定调控措施的依据，使调整后的政策与市场的实际情况相符。这就能够有效避免和减少产业发展的盲目性，使农业结构在大体上达到动态平衡的状态，从而促进农业内部的专业化生产，进而推动农业实现产业化经营。

第四，要高举农业现代化发展的旗帜，在组织制度上进行创新。社会生产力要想发展和进步，就必须在客观上要求社会生产方式进行革新和调整，农业产业化经营要在组织形式和制度上进行完善，以适应市场经济发展的要求。

（二）农业产业化经营是产业发展的必然趋势

产业结构优化是经济发展的重要前提，要想实现产业结构优化，就要满足以下两个条件：①在对产业结构进行优化时，要适应自身的演化规律；②优化调整产业结构应以自身的变化趋势为依据。产业结构从低层次向高层次演化是在一定条件下的必经之路。

在农业产业化经营下，高效且集约的农产品加工业、种植业、运销业等产业链的扩展与延伸，能够提高农产品附加值，吸引更多的农村劳动力就业，创造更大的经济效益并使农民实现自身的价值。同时，城市的农产品加工业等劳动密集型产业会转移到农村地区，使农村地区有更多的机会发展第二、三产业。乡镇企业的战略方向是发展农产品加工业和交通运输业，适当集聚与小城镇建设相结合，形成众多强大的经济增长点，转移更多的农村劳动力。现代农业的发展规律是在同等情况下，农业上占用的劳动者越少，农业劳动生产率就越高。现代科学技术广泛应用于综合系统再生产的全过程，这使得农业生产力的增长率超越了工业生产力的增长率，农业的比较效益大大提高，农业从弱产业转为强产业的美好愿景有望实现。如今，全国各地的先行者已获得了很好的收益，有力地证明了农业产业化是高利润的，农业是可以转化为强产业的。产业发展理论给农业产业化经营发展提供了理论基础：农业产业化经营能够有力地推动农业由低水平向高水平发展，农业产业化经营要立足于现代经济角度发展农业，这是产业发展规律的要求。

（三）农业产业化经营是农村改革与发展中矛盾冲突的必然结果

一方面，要想使农民抵御市场风险和自然风险的能力得到提升，不仅要改变原本的流通体系，将原本的封闭性打破，加强其开放性，还要竭力构建新的流通体系，把市场需求与具有分散性的家庭经营有机地结合起来，带动、组织农户走进市场，帮助农民抵御各种风险，促使小规模生产转变为社会化生产；另一方面，要根据市场的实际情况开创全新的经营模式，可以将分散性的小规模生产和完善的社会服务相结合，在不改变家庭经营格局的前提下，形成规模效益和规模经营。还要将传统生产方式与现代科学技术相结合，促进农业现代化的发展。连接农产品的生产、加工、运输和销售各个环节，使农业的综合效益得到提升，从而增加农民的收入。于是，农业产业化顺势而出，它是中国农村发展的又一重大创新，在农业的生产、增收、增产等方面有着重要作用。

二、农业产业化经营的运作规律及国际经验

总结国外农业一体化发展历程,分析不同类型的发展模式,得出一些基本经验和共同规律,可以在我国的农业产业化经营中加以借鉴。

(一)国外农业一体化发展的条件

国外农业一体化的发展是有条件的,它是生产力发展到一定阶段的产物。这些条件包括以下几个方面:

1.市场经济是农业一体化发展的体制条件

在一体化的体制中,市场体制主要在以下三个方面发挥基础作用。

(1)通过市场调节生产要素的优化组合。在利益的驱动下,各种所有制实体以及工农、城乡之间的生产要素以市场为载体进行流动,并再次组合,再造市场的微观基础,形成新的经济增长点,通过经济增量的增值作用,来促进农村经济以及国民经济飞速发展。

(2)通过市场体系衔接产销关系。一体化经营使行业、地区和所有制等壁垒被打破,以市场为纽带,把生产、加工和销售初级产品的各个环节联系在一起产生经济效益,从而使农村经济的运行和质量增长更加稳定。

(3)利用市场机制调节各方面的既得利益,从根本上将"生产亏损、流通盈利"的不合理的分配格局扭转过来。

2.社会生产力发展水平是农业一体化发展的生产力条件

现在,社会生产力已得到一定程度的发展,社会分工更加细化,产业间的联系和依存度越来越强,联合协作越发重要,农业一体化的发展需求也越来越强。农产品的加工和营销已经成为独立的部门,现代的管理知识得到一定程度的普及,现代技术装备也得到了广泛应用,这为发展农业一体化提供了不可或缺的物质技术基础。农业生产的社会化、集约化、规模化和专业化是农业一体化基本的内部条件,尤其是专业化所起的作用更加显著。随着农业生产力的不断发展,专业化的不断提升,农业产前产后各阶段的联系不但日益密切,而且分工越来越细,行业和部门越来越多,它们日益紧密地联系在一起。最后,出现了一个包含从农业生产资料的生产和供应,到整个农业生产的过程,以及购买、存储、加工、包装和营销等各个环节在内的体系,形成产业组织生态系统,在

标准化的操作之下形成良性循环。

农业一体化发展有两个必要条件，即规模化和集约化。如果没有这两个基本条件，产品就不能成规模地进行批量生产，就会因为较高的交易成本、组织成本以及较弱的竞争力，难以立足于现代市场，也就更难加入农业一体化的社会化大生产中去。

农业生产专业化包括部门、区域、技术、生产经营单位的专业化，它在农业一体化中的作用十分关键。这是由于它不但从根本上使企业的联系更加密切，而且可以将小批量生产向专业化的大批量生产转变，使生产力大大提高。这有助于利用专业化机械和先进的科学技术来提高农业规模化和集约化水平。

3.农业生产的自然特性和农产品的生物特性是影响农业一体化发展的重要因素

在生产力水平相当、经济条件一致的情况下，为何对农产品生产、加工、销售这一系列环节的要求要比工业品的要求高呢？关键就在于农业再生产的自然属性。第一，农业除了要承担市场风险外，还要承担自然界的风险。第二，农业具有较长的生产周期，市场供给调整之后，而对农产品的需求不变，供需对接难度加大，一旦供需失衡就会出现长期波动的情况，且幅度较大，这大大增加了农业生产和市场风险。第三，农业生产具有分散化、空间跨度大的特点，而商业消费通常是相对集中的，小的独立生产经营者很难有效地衔接生产、加工和销售环节。这些都使得农产品比工业品更需要综合管理，通过对三大产业的组织和协调力度的加强，来维持农业再生产的可持续发展。

同样是农产品，它们的一体化程度为何有所不同呢？问题就在于农产品本身的生物特性。第一，生鲜产品。生鲜产品具有保质期短、容易腐烂的特点，因此，必须在短时间内完成从生产到消费的全过程。第二，活产品。由于受到活产品生长规律的影响，它们会在一个特定的时间产出，而这个产出的时间和市场需求的时间不是总保持一致。当市场求大于供时，及时地产出会迅速卖出好价钱；而当市场供大于求时，产品将难以出售，就会导致价格降低；如果为了适应市场后期产量，逾期补料也会造成损失。所以，对于生鲜产品和活产品来说，促进产、加、销各个环节的紧密结合，避免出现多个环节进行周转的情况，使流通所需时间变短,及时反馈信息,以便尽快调整策略,有着十分重要的意义。这就是鲜活农产品通常比其他农产品的一体化程度更高的原因。

同一系列的农产品,为什么品种一体化的程度有的高有的低呢?原因在于这种农产品的内在特质不同。农产品的标准化生产是从工业生产引来的新概念。虽然农产品的标准化程度可能永远都赶不上工业品,但为了适应农产品加工和消费的特定需求,在现代科学技术的支撑下,加快了农业生产标准化的进程。科技的突出贡献在于培育出了一批具有特定内在品质的优良作物。比如,含油料成分较多的油菜籽、能够长时间保存的土豆等。由于这些产品具有特定用途,生产成本一般比较高,在生产之前就决定了加工方式和发货对象,因此,实施一体化经营比一般谷物具有特别的重要性。

4.市场经济体制的确立是农业一体化发展的体制基础,而"非市场安排"则是必不可少的制度条件

农业一体化要在市场经济体制的基础上发展。这并不意味着计划作为一种调整手段是无用的。"非市场安排"是农业一体化的内部特质,这也是发展农业一体化不可或缺的制度条件。

早期的资本主义市场经济是在完全私有和自由放任的基础上建立的。由于农业具有再生产特性,人们对农产品的需求是低弹性的,因此,第一、二、三产业在劳动生产率上存在差异性,农业也就很难得到社会平均利润率,产业与产业之间的矛盾越发激烈,农产品的价格不稳定,这些问题对企业造成了困扰。自由经济学并不能解决这些问题。此时,以凯恩斯为代表的经济学家们提出了一个理论——混合经济体制理论,这个理论主张国家要对农业进行干预,承认非市场安排。其实,农业一体化最开始就是为了抵制中间资本剥削而组织和发展起来的。在农业一体化中,正是由于在一定程度上进行非市场安排,对三大产业的关系加以协调,合理分配利益,慢慢地形成了合理的农业一体化发展模式。

5.市场需求是农业一体化发展的又一重要影响因素

农业一体化是农产品供给充足后的一种经济现象。市场对农产品的需求是其发展的主要因素,也就是说,农业一体化发展的速度以及程度是由市场需求所决定的。如果市场需求不足,一体化经营就无利可图,更遑论产业间合理的利益分配了。如果将农业一体化比作一辆列车,市

场需求就好比是它的动力,缺乏动力的列车是无法前进的。市场需求又是由消费者需求所决定的。多样化的消费需求为农业一体化的发展提供了广阔的发展空间。消费市场的变化和消费结构的发展趋势,对农产品的深加工、精加工和系列开发提出了迫切的要求,为产业链的延伸、农业一体化的发展提供了强大的发展动力。

(二)农业一体化发展的一般规律

农业一体化进程受到诸多因素的影响,如市场需求、农产品生物学特性等。总览一些发达国家的农业一体化发展历程,可以总结出其演进规律,就是从农业生产专业化到规模化,再到产业化。

农业专业化指的是地区、部门、产品和工艺的专业化。地区专业化指的是专门在一个地区进行一种或者几种农产品的生产。即以经济效益的原则作为依据,在空间上对农业资源进行合理配置,使当地的经济条件和自然条件得到充分发挥。部门专业化指的是某个地区或者企业以只生产一种或几种农产品的部门作为重点发展部门,它代表着地区或者企业发展的重点和方向。在部门专业化的前提下,专业化的高级阶段就是产品专业化和工艺专业化。农业专业化和规模化经营相辅相成。专业化将多个分散的小批量生产转变为专业化的大批量生产,这有利于专用机械设备和先进技术的使用,以及科学的生产组织管理方式的使用,从而增加产量,降低成本,实现农业规模经营的经济效益。随着农业生产的专业化程度日益提高,农业生产经营逐步规模化,客观上要求发展交通运输业、工商业以及各种服务业,并实施工、农、商的一体化和综合经营。专业化大大加强了农业与相关产业的联系,如果前后经营不衔接,就会中断生产经营。另外,大规模的生产应该以大规模的市场容量为基础,但是,初级农产品具有较低的市场需求弹性,所以只有对产业链加以延伸,不断进行多层次的农产品深加工、精加工,才能使市场需求变大,同时,扩大市场容量,使产品的附加值提升,从而使农民的收入增加。由此可见,规模化的商品经济的发展过程是从多元化到混合的部分专业化,再到单一的高度专业化的过程。因此,农业专业化发展到一定程度后,一定会导致农业、工业、商业的一体化经营。这是符合农业生产关系的发展规律的。

第一，生产力水平制约着农业一体化的发展，在地域上农业一体化的发展通常遵循由经济发达国家或地区到次发达国家或地区，再到欠发达国家或地区的递进顺序。

第二，在各种条件相同的情况下，市场需求弹性以及农产品的生物特性影响着农业一体化的发展。在发展过程中，通常遵循从畜牧养殖业（尤其是乳业）到果蔬产业，再到大田作物的递进顺序。

第三，由于受农产品内在质量的影响，对于同一种农产品，农业一体化一般遵循从特殊品种到一般品种的递进顺序。

第四，农业一体化的发展方向是一体化程度由低到高不断推进的。出现这种发展趋势的原因是生产力发展从低至高、社会分工由粗到细。

第五，从系统功能的角度看，农业一体化要比单个部分简单相加的总和大。形象地说，就是"1+1＞2"。农业一体化和生产、加工、销售环节并不是简单地把几个单元加在一起，而是一个环环相扣、相互联系的协作体系。过去各联合单位之间自由贸易、相互割裂的关系越来越被有计划、有组织且相对稳定的市场关系所取代。该系统不但通过内部统筹减少中间环节和交易成本，而且将生产要素的优化组合范围扩大，实现各取所长，提高资源配置的效率，从而产生协同效应和整合效应。

（三）国外推行农业一体化经营的基本做法

首先，将"以工补农"作为发展战略，建立积累和投入机制，以促进农业一体化的发展。

其次，加速转变生产、经营和服务方式，使其适应市场经济发展的需要。在逐渐扩大生产规模的前提下，实现区域专业化、农场专业化、部门专业化、生产技术专业化。努力向其他相关行业延伸，与相关行业达成合作，并进行融合，从而实现一体化经营。根据农业一体化的要求，建立产前、产中、产后整个过程的社会化服务体系，使农业劳动生产率和经济效益能够得到大幅提升。

最后，政府要加大扶持力度，制定完善的政策和法律体系，为农业的一体化发展提供制度和法律保障。为了早日实现农业一体化，各国政府在法律、政策、价格、信贷等方面都提供了支持。以欧洲共同体为例：

（1）农业结构政策。欧洲共同体的农业政策由农业结构政策、农业价格政策和农村社会政策三大部分组成。在这几类政策中，农业结构政策是其核心内容。农业结构政策的结果是改造了农业企业结构，使之适应农业现代化的需要，同时也促成了在新的基础上建立农、工、商关系。

（2）农业财政、信贷等支持政策。为了促进各国农业现代化和农业一体化，共同体各国通过财政、信贷和价格渠道，为农业间接和直接地提供大量发展资金。

（3）法律法规等措施。如法国的《农业法》《农业指导法》《合作法》《调整法》等，对一体化经营提供了可靠的法律保证。

（4）大力发展农业科研，推进科技成果转化。发达国家都把发展农业科研、推广农业科技、提高生产经营者的科技素质、提高农产品科技含量，作为提高农业一体化水平的战略措施予以高度重视，切实加大投入，使产品的科技含量一般高达 60% 以上。

（四）农业产业化经营的国际经验和启示

1. 在农村中发展农业一体化

在发展农业一体化过程中，世界各国都努力在农村地区建立农业产前和产后的服务部门，在村镇建立合作社或者一体化公司。部分产前和产后企业会通过农业的中间消费对农业造成影响，通过它们对农户进行组织和培养，使农业生产达到商业化和标准化；通过它们连接城市和广大农村，促进农村的城市化进程；通过它们促进农业的科学化与市场化，使农户实现从单纯依靠经验到利用科学技术的转变，从以前的盲目生产到产供销协调发展的转变。

2. 在调整农业结构中推进农业一体化

在市场需求的驱动下，西方发达国家已经形成了以畜牧业尤其是以奶牛养殖业为主要产业的产业结构。由于养殖业具有较强的产业关联效应，因此有效促进了食品加工业和种植业的发展，尤其是食品加工业，现已成为农业一体化中最关键的产业部门。

3. 在强化农业社会化服务中推进农业一体化

在产业一体化的发展中，发达国家的农业社会化服务是其中的重要组成部分。在农业一体化经营中，农业社会化服务通常是以合同的方式进行的。另外，不管是企业、公司还是合作社，农业服务都在向一体化方向发展，也就是把产前、产中、产后各个阶段的服务统一起来，然后构成一个综合性的生产服务体系。在这种体系中，通常农业生产者的工作只是进行一项或者几项农业生产，剩下的工作均由综合体提供的服务来完成。

4. 在政府的政策引导中发展农业一体化

在发展农业一体化的过程中，各国政府发挥着积极的推动作用，是其发展中的重要角色。政府部门制定相关政策，维护市场经济的稳定，并有针对性地采取措施、实施规划，使农民群众收入增加、农业经营不断改善的目标得以实现。

5. 建立一个合理的农业产业化经营管理体制

把与农业生产、加工、销售相关联的一、二、三产业集中起来建构一系列优化的经济组合，以拓展农产品增值空间，提高农业比较效益，这是一体化经营的实质。它涉及多个产业部门、多种类型企业以及工农关系、城乡关系等，是一个很复杂的体系。它能否顺利发展，取决于彼此间是否互相协调、相互促进。因此，应建立与现代市场经济发展相适应的农业产业化经营管理体制，这包含了农业生产，农资供应与制造，农产品的保鲜、储存、加工、收购与综合利用等环节，以及农产品、加工品的出售、出口等统一的综合管理体系和相关的政府管理体制。

参考文献

[1] 刘雯. 农业经济基础 [M]. 北京：中国农业大学出版社，2020.

[2] 李劲. 农业经济发展与改革研究 [M]. 北京：中华工商联合出版社，2020.

[3] 刘佶鹏. 农业经济合作组织发展模式研究 [M]. 北京：中国农业出版社，2020.

[4] 孙芳，丁玎. 农业经济管理学科发展百年 [M]. 北京：经济管理出版社，2020.

[5] 曹慧娟. 新时期农业经济与管理实务 [M]. 沈阳：辽海出版社，2020.

[6] 李永东. 农业经济学 [M]. 北京：中国人民大学出版社，2019.

[7] 朱俊峰. 农业经济基础 [M]. 北京：国家开放大学出版社，2019.

[8] 顾莉丽. 农业经济管理 [M]. 北京：中国农业出版社，2019.

[9] 赵丽红，刘薇. 绿色农业经济发展 [M]. 咸阳：西北农林科技大学出版社，2019.

[10] 高子清，张金萍. 农业经济增长研究 [M]. 北京：国家行政学院出版社，2019.

[11] 施孝忠. 农业经济管理与可持续发展研究 [M]. 北京：科学技术文献出版社，2019.

[12] 唐忠，曾寅初. 中国农业经济制度创新研究 [M]. 北京：中国农业出版社，2019.

[13] 赵俊仙，胡阳，郭静安. 农业经济发展与区域差异研究 [M]. 长春：吉林出版集团股份有限公司，2018.

[14] 梁金浩. "互联网+"时代下农业经济发展的探索 [M]. 北京：北京日报出版社，

2018.

[15] 孙中才. 农业供给侧与经济增长[M]. 北京：知识产权出版社，2018.

[16] 李青阳，白云，徐金菊. 农业经济管理[M]. 长沙：湖南师范大学出版社，2017.

[17] 王瑞妮. 农业与经济增长研究[M]. 延吉：延边大学出版社，2017.

[18] 刘凌霄. 现代农业经济发展研究[M]. 北京：中国水利水电出版社，2017.

[19] 唐忠，曾寅初. 中国农业经济协调发展研究[M]. 北京：中国农业出版社，2017.

[20] 张敬雯，胡洋. 中国农业循环经济发展政策研究[M]. 长春：吉林大学出版社，2017.

[21] 吴俊杰，高静，季峥. 农村经济发展的金融支持研究[M]. 杭州：浙江大学出版社，2020.

[22] 肖雁. 农村经济分析与政策研究[M]. 天津：天津科学技术出版社，2020.

[23] 李雪莲，李虹贤. 现代农村经济管理概论[M]. 昆明：云南大学出版社，2020.

[24] 李春芝. 现代服务业与农村经济[M]. 长春：吉林出版集团股份有限公司，2020.

[25] 高向坤. 农村经济发展的金融支持研究[M]. 长春：吉林大学出版社，2020.

[26] 吴雪. 多元化视角下农村经济发展策略研究[M]. 北京：现代出版社，2020.

[27] 王天兰. 新时代农村经济体制的再改革[M]. 北京：中央民族大学出版社，2019.

[28] 杜浩波. 新农村经济发展与分析[M]. 北京：现代出版社，2019.

[29] 莫家颖，黎东升. 基于农户视角的农村经济实证研究[M]. 北京：中国农业出版社，2019.

[30] 李志新，齐玉梅，胡星宇. 电子商务营销与农村经济发展[M]. 北京：中国商务出版社，2018.

[31] 汪红梅. 社会资本与中国农村经济发展[M]. 北京：人民出版社，2018.